❶滝野川ゴボウを収穫する岸野昌さん

❺❻内藤トウガラシは新宿の冬の風物詩だった。果実が房状に上向きに生えるので「八房」ともいう
❼赤みの美しい早稲田ミョウガ
❽黄色い果実に緑の縞がある鳴子ウリ（金マクワ）
❾白い縞がある濃緑色の本田ウリ（銀マクワ）

❷白茎があざやかな亀戸ダイコン
❸千住一本ネギは束ねても凛々しい
❹「練馬大根引っこ抜き競技大会」では著者も大健闘

5

6

7

9

8

⓾伝統小松菜３種（左から、ごせき・城南〈大平系・渡辺系〉）

⓫伝統大蔵ダイコンの栽培に尽力する大塚信美さん

⓬八王子ショウガは辛みが少なく、むしろ甘みがある

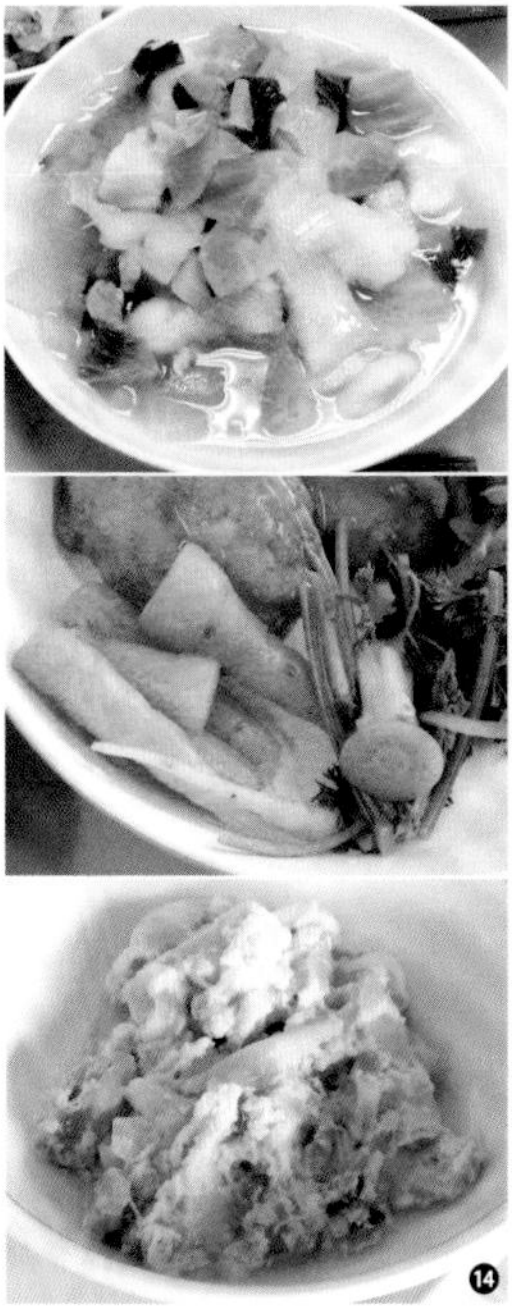

⓭馬込三寸ニンジンは甘くて、形はずんぐりむっくり
⓮給食３種（上から、馬込三寸ニンジン入りスープ、馬込三寸ニンジンの煮物、早稲田ミョウガと高野豆腐の卵とじ）
⓯のらぼう菜は春を告げるアブラナ科の野菜

16

18

17

19

⓴青茎三河島菜の収穫をする宮寺光政さん
㉑白岩ウリは檜原村の名産
㉒2018年に墨田区に農園ができるきっかけとなった寺島ナス

⓰馬込半白キュウリはぬか漬けにぴったり
⓱砂村一本ネギのネギ坊主
⓲ネギ坊主のてんぷら（砂村一本ネギ）
⓳穴蔵軟化法で栽培される東京ウド

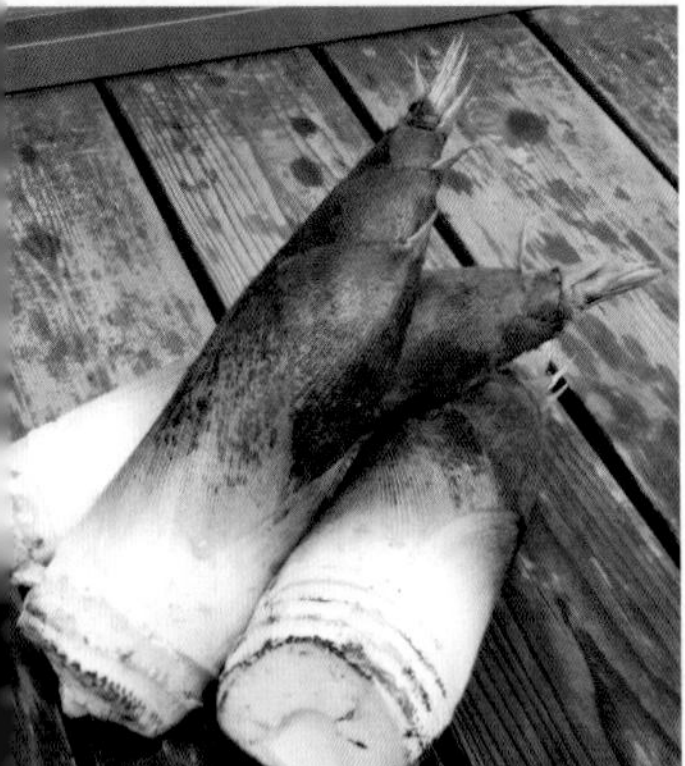

㉓奥多摩のワサビ田
㉔収穫された奥多摩ワサビ
㉕奥多摩ワサビを栽培する千島国光さん
㉖きれいに結球した下山千歳白菜
㉗かつての産地、目黒で採れたタケノコ

平凡社新書
937

江戸東京野菜の物語

伝統野菜でまちおこし

大竹道茂
ŌTAKE MICHISHIGE

HEIBONSHA

江戸東京野菜の物語●目次

序章　〝伝統野菜〟の復活にかける……9
第1章　失われた野菜を探して――発見の物語……27
1　捜索隊が大活躍！――〈早稲田ミョウガ〉　27
2　復活のトップバッター――〈品川カブ〉　39
3　2つのルートで発見――〈千住一本ネギ〉　48
4　江戸東京スイーツの東西横綱――〈本田《ほんでん》ウリ〉〈小金井マクワ〉　52
5　テレビを見ていたら、発見――〈城南小松菜〉　57
江戸東京野菜の魅力を語る―1
井之口喜實夫さん　野菜生産者……62
三國清三さん　オテル・ドゥ・ミクニ オーナーシェフ……65

第2章　日本を旅した野菜……69

1　東北から里帰り――〈青茎三河島菜〉　69

2　はるばる美濃から来た――〈鳴子ウリ・府中御用ウリ〉　80

3　京野菜「堀川ごぼう」のもとになる――〈滝野川ゴボウ〉　90

4　甲斐から伝わる――〈おいねのつる芋〉〈治助イモ〉〈白岩《しらや》ウリ〉　95

江戸東京野菜の魅力を語る｜2

宮寺光政さん　江戸東京・伝統野菜研究会／野菜生産者……105

福島秀史さん　江戸東京野菜コンシェルジュ協会理事／多摩・八王子江戸東京野菜研究会代表……108

第3章　江戸と今をつなぐ……113

1　きっかけは将軍綱吉――〈練馬ダイコン〉　113

2　吉宗が名づけた「小松菜」――〈ごせき晩生小松菜〉　122

3　2つのショウガの産地――〈谷中ショウガ〉〈八王子ショウガ〉 127
4　江戸前の握りには欠かせない――〈奥多摩ワサビ〉 132
5　村人を飢えから救う――〈のらぼう菜〉 137
江戸東京野菜の魅力を語る｜3
渡戸章さん　野菜生産者……… 140
ほしひかるさん　江戸ソバリエ協会理事長……… 143

第4章　大都会で生まれた野菜……… 147
1　全国の生産をリードする――〈東京ウド〉 147
2　世田谷で2度復活――〈伝統大蔵ダイコン〉 155
3　緑と白の粋な色合い――〈馬込半白キュウリ〉 158
4　大玉で病気に強い――〈下山千歳白菜〉 162

江戸東京野菜の魅力を語る｜4
野永喜三夫さん　日本橋 ゆかり 三代目 和食料理人……167
上原恭子さん　江戸東京野菜コンシェルジュ協会理事／野菜ソムリエプロ……170

第5章　学校の畑でよみがえる……175

1　小学校の記念事業で復活――〈寺島《てらじま》ナス〉　175
2　タネのリレーが始まった――〈砂村一本ネギ〉　183
3　地域とNPOの連携で復活――〈内藤トウガラシ〉　189
4　都庁の御膝元で栽培――〈内藤カボチャ・角筈カボチャ・淀橋カボチャ〉　198

江戸東京野菜の魅力を語る｜5
佐藤勝彦さん　押上よしかつ 店主……204
成田重行さん　内藤とうがらしプロジェクト リーダー……207

第6章　サポーター広がる……211

1　応援団ができて復活！――〈亀戸ダイコン〉 211

2　人から人に託す――〈砂村三寸ニンジン〉〈馬込三寸ニンジン〉〈滝野川大長ニンジン〉 219

3　目黒のタケノコと子規の恋――〈タケノコ〉 228

番外編1　時代を超えたダイコン――鎌倉大根……236

番外編2　大嘗祭と江戸東京野菜……242

江戸東京野菜一覧……246

あとがき……252

本文中の人物の所属・肩書は取材当時のものです。

序章 〝伝統野菜〟の復活にかける

都市に農地はいらない?

2020年の東京オリンピック・パラリンピックが間近に迫ってきた。先のオリンピックが行われた約55年前、東京農業大学の3年生だった私は、ボランティアグループのSCI-JAPANで農作業の支援をしていた。SCI-JAPANが外国選手の支援をすることになり、台湾の射撃チームを、ライフルの選手は朝霞の自衛隊駐屯地へ、クレー射撃の選手は所沢の郊外の射撃場へと、与えられた車を運転して送迎をしていた。

高度経済成長期の真っただ中、オリンピック景気にも沸く東京では、あちこちで道路や建物の工事が行われていた。自宅のあった練馬のあたりも、畑の中に広いオリンピック道路が作られ、渋滞することなく選手の送迎ができた。

大勢の人が仕事を求めて地方から東京に移り住み、オリンピック前年の1963年（昭和38）には、人口は1000万人を超えた。時代の大きな変化は、東京の農業にも大きな影響をもたらした。

大都市に農産物を安定して供給することを目的とした「野菜生産出荷安定法」（1966年）が制定される一方で、都市の農地を宅地化する施策（「都市計画法」〈1968年〉、「農地法改正」〈1970年〉）が次々に打ち出され、1976年には〝農地の宅地並み課税〟を目的とした地方税法改正が実施された。

持ち家政策を推進していた政府は、農地を宅地並みに課税することで農地の宅地化を進めようとし、首都圏、中京圏、近畿圏をはじめとする都市農業は、厳しい立場に置かれていた。そうしたなか、1981年（昭和56）に、私は東京都農業協同組合中央会（現在のJA東京中央会）で、営農農政を担当することとなり、都市に農業はいらないという国の政策に直面することとなった。

生産者が減れば、文化も消える

営農農政課の使命は、農家と農地を守ることにつきる。野菜を作る農家がどうすれば安定的に生産できるか、どうすればもっと消費者が安心して食べられる野菜を提供できるか

大正末年頃の京橋大根河岸、紺屋橋の野菜市のようす　写真提供：小松正夫氏

を考えるのが仕事だ。吹き荒れる「農地の宅地並み課税」のなか、都市の農地の多面的機能を考えていたある日、ふとしたことで、都内の農地で、江戸の伝統を受け継ぐ野菜が栽培され続けていることに気がついた。

東京の農家は、江戸時代からその地で農業を営んできた人々の末裔であり、江戸の農業技術や農村文化を代々に受け継いできた人々である。農家を続けてもらえれば、野菜を生産するだけでなく農村の文化や歴史も伝えていくことになる。これも農地を守る意義として考えられるのではないか――。そこで、農家のことをよく知るために都内各地の郷土史を調べはじめた。

戦後の混乱がひとまず落ち着いた1955年（昭和30）以降、多くの区市町村が相次いで「区市町村史」を刊行した。そこには江戸時代から今日までの農家や農作物の記録が残され、かつて都内各地に、土地の名前がついた野菜が栽培されていたことがわかった。〈練馬ダイコン〉〈谷中ショウガ〉〈滝野川ゴボウ〉……、私が生まれ育った目黒は〈タケノコ〉の産地だった。

東京の農業史を調べはじめてからしばらくたったある日、1985年（昭和60）だったか、東京都の農業振興に長年携わってきた大先輩、梅澤幸治さんから「江戸時代からの固定種の野菜を栽培している農家が激減している。東京の伝統野菜が危機に瀕している」という衝撃的な話を聞いた。

江戸から東京へと伝わってきた伝統野菜は、タネを播き、収穫して食べるとともに、一部を残しておいてタネを採り、またタネを播き……というサイクルによって受け継がれてきた貴重な遺伝資源だ。江戸・東京の食文化を支えてきた伝統野菜を次世代に伝えていかねばならないと考えていただけに、ショックは大きかった。

江戸から続く農村や農作物の歴史や文化を次世代に伝えるには、農地を残す必要がある。このことを、多くの人にわかってもらわなければならない。そのためにできることを模索しはじめた。

固定種と交配種

伝統野菜の生産者の激減は、先に書いた「野菜生産出荷安定法」（1966年）と関係する。この法律は大都市に安定的に農作物を供給するために制定されたもので、キャベツ、ダイコン、タマネギ、キュウリ、トマトなど、主要野菜14品目の「指定産地」が決められた。

これにともない全国各地に大産地が生まれ、流通や小売業者からは、遠隔地から効率的に輸送できるよう、段ボール箱に収まる規格通りのサイズの野菜が求められるようになった。また、育苗業界では1970年代頃から、高度な育種技術で品種改良した生産性の高い交配種の導入が進んでいた。

従来、野菜のタネは農家が自家採種したり、育苗会社の畑で採種した固定種だけが流通していた。しかし固定種の野菜は揃いが悪く、出荷のためにサイズを揃えようとすると6〜7割も規格外となってしまう種もあり、規格重視の流通にはなじまない。そこで、種苗業界では揃いのよい野菜や周年栽培ができる交配種を開発して、大量生産を可能とした。

だが交配種は、固定種の欠点を補う性質を一代だけ受け継いだ一代雑種（F_1）なので、F_1から採れるタネは、親の性質は受け継がない。したがって自家採種はできなくなり、農家は作付ごとに、育苗メーカーからタネを毎年購入せざるを得なくなった。

栽培しやすい交配種への移行がどんどん進み、そのうえ、全国的に農地の宅地化が進んでいくので、東京をはじめ三大都市圏や政令都市など、大都市近郊の生産者は減少を続け、各地に伝わる伝統野菜は次第に栽培されなくなっていった。

ＪＡ東京中央会でも、「東京の歴史文化を伝える「生きた遺産」でもあるタネがなくなってしまっては、東京の農業の歴史が消えてしまう。何とかしよう」と、梅澤先輩となんども話し合った。だが、タネを残すには、数年ごとに畑に播いて更新しなければならず、これらを行える農業試験場も交配種の研究に忙殺されているようで、栽培農家に頼るしかなかった。

できることは何か——出版と農業説明板

１９９０年（平成２）は、徳川家康の江戸入府から数えてちょうど４００年にあたり、都内では数々のイベントが行われた。ＪＡ東京中央会も、「できることからやろう」ということで、東京の農業を守るために、江戸東京の農業の歴史を記録する作業を開始した。慣れない作業に時間はかかったが、１９９２年には『江戸・東京 ゆかりの野菜と花』を、１９９６年には畜産の記録『江戸・東京 暮らしを支えた動物たち』（ともに、農山村漁村文化協会）を刊行することができた。

この2冊は私にとって、江戸東京野菜の復活に本腰を入れるきっかけとなった。編纂作業の中で、昔の東京の農業を知る農業試験場や農業改良普及所、育苗会社のOBの方々から貴重な話が聞けたことは大きな収穫だった。

編纂作業と並行して、伝統的農産物の栽培状況、タネの存在等の調査も行ったことから、篤農家が細々と栽培していた〈馬込半白《はんじろ》キュウリ〉や〈馬込三寸ニンジン〉などは、タネが残っていることもわかった。


しかし貴重な記録も、本を作っただけでは本箱に眠ったままになる。かつて伝統野菜が栽培されていた土地も、今ではビルの谷間となったり、コンクリートに埋もれてしまったところが少なくない。本で取上げた農産物の産地にだけでも、かつてその地で野菜や花が栽培され、畜産が行われていたことを伝えることはできないだろうか――。そこでひらめいたのが、農作物の歴史や文化を記載した「農業説明板」である。

農業協同組合法施行50周年にあたる1997年（平成9）に、このアイデアをJA東京中央会に提案すると、50周年記念事業のひとつとして取り上げられ、実施されることになった。だが、「どこに建てるんだ」「公園にやたらと建てるわけにはいかない」という質問

日枝神社に「わが国黎明期の牧場」の農業説明板が建った

や心配の声があった。

古くから農家が豊作を祈願し、収穫を感謝してきたのは、土地の神様を祀る鎮守様、神社である。そこで、神社に「江戸・東京の農業屋外説明板」を建てることを、東京都神社庁にお願いしたところ、「神道は農業に由来する式典やしきたりが多く残っている。建てることに異存はない」と、宮西惟道庁長（日枝神社宮司）にご理解をいただくことができた。

説明板は50周年記念にちなんで、都内及び島嶼《とうしょ》部の神社など50か所に設置させてもらった。これで、説明板のある神社のあたりで野菜や花の栽培、畜産などが行われていたことが伝えられるようになった。この説明板の内容は、ＪＡ東京中央会のホームページの「東京農業歴史めぐり」（255頁参照）に掲載されている。

東京の伝統野菜が危機に瀕していることを知ってから10年以上がたっていたが、この時にできたのは幸いだった。

各界から大きな反響

「江戸・東京の農業屋外説明板」の反響は大きかった。地元の神社に農業説明板があることに気づいた多くの人から、「ここが野菜の産地だったとは知らなかった」「東京にも農業があったことに驚いた」という声が寄せられ、JA東京中央会のホームページには書き込みが相次いだ。また、「復活のトップバッター〈品川カブ〉」（39頁参照）や「応援団ができて復活！〈亀戸ダイコン〉」（211頁参照）など、各地のまち興しのきっかけにもなった。

2005年（平成17）6月8日、NHK首都圏放送センターのディレクターから電話をもらった。地産地消やスローフードという視点から、伝統野菜を見直す動きがあるので、「こんにちは いっと6けん」（正午前の番組）で、東京の伝統野菜を紹介したいという。

伝統野菜を広めてもらえるのはありがたいことなので、出演を快諾。番組では農業説明板をレポートし、スタジオで〈小松菜〉と〈東京ウド〉を使った料理を作って食べた。

番組が終わってから、各方面から反響があったことから、この番組をきっかけに、20

2007年の日本橋・京橋まつりで、江戸東京野菜が即売された

05年7月1日、「江戸東京・伝統野菜研究会」を立ち上げることになった。

また、『江戸・東京 ゆかりの野菜と花』をお読みになった、日本橋の割烹「日本橋 ゆかり」の二代目で、日本橋料理飲食組合の会長を務める野永喜一郎社長から、問い合わせがあった。

「東京の割烹店の7割が京風の味付になっている。江戸の食材を活かした昔ながらの江戸の味を伝えていきたいが、市場で流通している東京の伝統野菜はあまりに少ない。東京の伝統野菜をブランド化して、日本橋から発信したいので、生産体制を確立してくれないか」という相談だった。

料理人からの要望は強い味方となる。東京の伝統野菜の栽培を続けている生産者に協力をお願いするとともに、固定種のタネを探しはじめた。

そして2007年4月、日本橋架橋96周年を記念して「日本橋・京橋まつり」が日本橋の橋上で行われた。ここで、野永さんが築地の東京シティ青果から取り寄せた5品目（〈金町コカブ〉〈亀戸ダイコン〉〈小松菜〉〈千住ネギ〉〈東京ウド〉）のセットを500円で120セット販売してくれた。江戸東京野菜のブランド化に向けたこの取り組みが日経MJ紙に掲載されたことで、流通業界などがにわかに注目しはじめた。

私自身も食情報発信サイト「フードボイス」に寄稿するとともに、2008年10月からブログ「大竹道茂の江戸東京野菜ネット」を、2010年3月には、ブログ「江戸東京野菜通信」も立ち上げ、日々、江戸東京野菜の情報を積極的に発信し続けるようになった。

現代に残っていた15品目

2007年（平成19）にJA東京中央会を退職し、財団法人東京都農林水産振興財団で、食育アドバイザーの肩書をいただき、伝統野菜の復活に取り組むことになった。

この時点で栽培が継続していた東京の伝統野菜は、わずか15品目。

練馬ダイコン	亀戸ダイコン	高倉ダイコン＊	東光寺ダイコン
金町コカブ＊	小松菜	シントリ菜＊	馬込三寸ニンジン
下山千歳白菜	奥多摩ワサビ	のらぼう菜	東京ウド
馬込半白キュウリ	滝野川ゴボウ	足立のつまもの	（＊印は一覧表のみ）

だが江戸東京の伝統野菜はもちろん、これだけではない。50か所に農業屋外説明板を建てたことからもわかるように、栽培の途絶えてしまった野菜が実に多いのだ。

そのなかで、最初に復活を手掛けることになった〈品川カブ〉のほか、〈寺島《てらじま》ナス〉や〈青茎三河島菜〉など、いくつもの野菜を復活させることができた。詳しくは各章や、ブログ「江戸東京野菜通信」をご覧いただきたい。

「江戸東京野菜」とは？

年を追うごとに復活する伝統野菜が増えてくると、私一人では対応できなくなってきた。料理人や栄養教諭のほか、まち興しに取り組む行政関係者など各方面からも、認証登録機関を作ってほしいという要望があった。

そこで、２０１１年（平成23）７月、東京都やＪＡ東京グループの役職員などによる

「江戸東京野菜推進委員会」が、JA東京中央会内に設置され、東京の伝統野菜「江戸東京野菜」の定義を定めたり、商標登録がなされたりした。

先の15品目に加え、初年度に登録されたのは次の7品目である。

寺島ナス、亀戸ダイコンの農業説明板のスタンプ

伝統大蔵ダイコン　品川カブ　青茎三河島菜
寺島ナス　本田ウリ　小金井マクワ　砂村一本ネギ

では、江戸東京野菜推進委員会が登録する「江戸東京野菜」とはどんな野菜か。

「江戸東京」は、江戸時代から明治、大正、昭和という、江戸から東京に至る時代と、江戸の町よりも広い、東京23区、北多摩、南多摩、西多摩の地域を意味している。

「野菜」は、「江戸期から始まる東京の野菜文化を継承するとともに、種苗の大半が自給または、種苗商が持っていた昭和中期（1965〜74）頃までの固定種、または従来の栽培法等に由来する」もの、としている。

つまり江戸期から昭和中期に確立した品目、品種、栽培方法の地方栽培品種の野菜である。が、個人的には守り継いできた固定種の種子は、次世代に引き継ぎたいと思っている。地方栽培品種の固定種を基本とし、種苗の来歴が明らかで、栽培を希望する生産者が入手可能なもの。しかも東京の農業振興が背景にあることから東京の農家が生産することが前提であり、①複数の生産者が販売を目的として生産しているもの、②今後、販売を目的とした生産が見込まれるもの、のいずれかに該当するものと規定している。

これらの定義をふまえ、具体的な品目を江戸東京野菜推進委員会が決定するのだ。

「歴史」を伝える野菜

江戸東京野菜のひとつ一つには「物語」がある。ここでは、その物語を育んだ江戸東京の歴史を簡単にふり返ってみたい。

1590年(天正18)に徳川家康が入府したころの江戸は寒村だった。家康は土地の開墾や運河を開くなどの土木工事とともに、尾張、三河、遠江、駿河などから、商人や職人、さらには百姓までも移住させて江戸の町づくりを行った。やがて働き口を求めて近隣からも多くの人が流入するようになり、三代将軍家光の時代に参勤交代が確立すると、江戸の人口はますます増加した。パリ、ロンドンの人口が70〜80万人だった1700年代、江戸は100万人を数える世界一の大都市に成長した。

だが、人口の急増に食料増産が追いつかない。酒、味噌などの「下りもの」は関西から運ばれたが、何より不足したのは新鮮な野菜だった。そこで諸大名は江戸の下屋敷などに国許《くにもと》の百姓を呼び寄せ土地の野菜を作らせた。これらの野菜は江戸近郊の農家に伝わり、全国各地から持ち込まれた野菜（タネ）は、江戸の気候風土の中で独自に発展した。

練馬ダイコンのタネを売るタネ屋 『教訓滑稽 魂膽夢輔譚 五編上巻』一筆庵主人（成田山仏教図書館所蔵）

「御内府」と呼ばれる江戸市中近郊の農村は、野菜産地として栄えるようになり、優良系統の選抜や交配による品種改良などの技術も発達した。時代が下ると、余ったタネを集めて販売する農家も出てきて、中山道の滝野川にはこうしたタネを販売する店が集まり、「種屋街道」（北区滝野川6丁目）と呼ばれるようになった。参勤交代の大名や旅人たちは、江戸土産として種屋街道でタネを購入して国許に持ち帰った。

〈練馬ダイコン〉を例にとると、山形県庄内に伝えられたものが「庄内の干し大根」となりいまに続く特産物となっている。神奈川県の「三浦大根」は、地元のダイコンの高円坊と〈練馬ダイコン〉の交雑種。信州の「前坂大根」は〈練馬ダイコン〉を改良したとされている。また、薩摩の指宿《いぶすき》にある「山川大根」は練馬ダイコン系の品種といわれている。滝野川の〈滝野川ニンジン〉〈滝野川ゴボウ〉も全国に広がり、今日流通しているゴボウの８～９割は滝野川系といわれているなど、全国に広がり、各地の伝統野菜として独自に発展を遂げている野菜も少なくない。

伝統野菜を次世代へ

江戸東京野菜は農業やその市場の関係者だけでなく、飲食に携わる人びと、学校の先生や児童・生徒たち、行政関係者や一般の市民をも巻き込みながら復活してきている。その大きな力のひとつが、２０１２年（平成24）に発足した「江戸東京野菜コンシェルジュ育成協議会」である。

この組織は、地域ブランドとして定着しつつある江戸東京野菜を普及していく人材を育成しようと、「東京都新しい公共支援事業」のひとつとして、江戸東京野菜に関連する団体などが連携して結成された。この組織はその後、「ＮＰＯ法人江戸東京野菜コンシェルジュ協会」（2015年1月）に発展した。

協会が主催する「江戸東京野菜コンシェルジュ育成講座」では、「江戸東京野菜の定義」「江戸の食文化」「フードマイレージと地産地消」「江戸東京野菜の栽培」などを学び、年1回の資格試験を実施。農業従事者をはじめ、市場関係者、料理人、料理研究家、野菜ソムリエ、青果商、小中学校の栄養教諭・栄養士、行政マン、フードライター、フードジャーナリスト、育苗業者など、直接間接を問わず江戸東京野菜に関わる人が受講して、これまでに161人の「江戸東京野菜コンシェルジュ」が育っている（2020年2月現在）。

資格取得後は、講座で学んだ知識を生かして、さまざまな場で江戸東京野菜の案内人として活躍している。

かねて、都市の農業を守り、地元の伝統野菜を次世代の子どもたちに伝えていくことは、今を生きる者の使命だと考えてきた。それを組織的に実現していくのが、こうした組織や仕組みであり、志をともにする人びとである。

こののち、三鷹市江戸東京野菜生産者グループ、JA東京みどり江戸東京野菜生産者グループ、多摩・八王子江戸東京野菜研究会、小金井市江戸東京野菜生産者グループ、東久留米市江戸東京野菜生産者グループなどができている。

第1章　失われた野菜を探して――発見の物語

1　捜索隊が大活躍！――〈早稲田ミョウガ〉

２００９年（平成21）８月、足立区の農家で昔から栽培してきたという〈本田《ほんでん》ウリ〉（52頁参照）が見つかった。思いもよらない発見から、昔から栽培されてきた伝統野菜が今も東京の片隅で、ひっそりと息づいているのではないかと考えるようになった。

そんなある日、休日に家内がそうめんを茹でて、薬味として自宅の裏に芽を出したミョウガを刻んで出してくれた。その時ふと、江戸っ子が好んだ〈早稲田ミョウガ〉も、まだ早稲田の地のどこかに生えているのではないか、という思いが頭をよぎった。

幻のミョウガを食べたい

ミョウガには、夏に採れる「夏ミョウガ」と、秋に採れる「秋ミョウガ」があり、江戸では昔から晩生系の秋ミョウガの栽培が盛んだった。〈早稲田ミョウガ〉は江戸っ子に好まれた秋ミョウガだ。大ぶりで赤みがさし、香りがよく、そうめんや冷奴の薬味、天ぷらや卵とじ、さらにはみそ汁や吸い物の具などにも利用されたという。江戸っ子が好んだ〈早稲田ミョウガ〉を薬味に麺類を食してみたいのは、私だけではないだろう（口絵⑦）。

1997年、新宿区西早稲田の穴八幡宮《あな》に〈早稲田ミョウガ〉の江戸・東京の農業屋外説明板を設置させてもらった。その折、文面を書いたことから〈早稲田ミョウガ〉の歴史はよく知っていた。ちなみに、東京には茗荷谷《みょうがだに》（文京区）という地名があり、ここでもミョウガが栽培されていたが、ブランドだったのは早稲田である。

早稲田（現在の新宿区北東部）は、神田市場まで1里弱という地の利もあり、江戸市中では、「早稲田茗荷《みょうが》」のブランドで知られていた。しかし、1882年（明治15）、大隈重信によって早稲田大学の前身、東京専門学校が設立されると、あたりは次第に学生むけの食堂や書店、下宿屋などができて、田んぼもミョウガ畑もなくなってしまった。

田山花袋の『東京の三十年』（1917年）は、花袋が1881年に上京してから30年間の変遷を記したものだが、次のような一文がある。

早稲田から鶴巻町へ出て来るところは、一面の茗荷畑で、早稲田の茗荷といえば、野菜市場にもきこえたものであった。私たちはその茗荷畑の中に細く通じて末は野の雑木林の中に入って行く路をよく歩いた。時にはまた、婆さんがその取り立ての茗荷を籠に入れて負って売りに来た。

ミョウガはタネを播いて育てるのではなく、地下茎によって増える栄養繁殖なので、早稲田のあたりを探せば、神社やお寺の片隅、昔から残る屋敷の一角などに、忘れられた株が残っているのではないか、そんな期待を捨てきれずにいた。

「早稲田ミョウガ捜索隊」

〈早稲田ミョウガ〉を探し出し、生産者に声をかけて、何年かかけて増産したい――その思いは日に日に強くなり、２００９年（平成21）12月にブログで、「早稲田ミョウガを探しませんか！」と呼びかけてみた。「面白い！」などの反応があったものの冷やかしばかりで、「あるわけないだろう！」というのがほとんどのようだった。その後も、江戸東京野菜の講座などでも積極的に〈早稲田ミョウガ〉のことを話題にするようにしていた。

そんな講演会のひとつに、「第三金曜会」という、東京農工大学で学長を務められた梶井功先生（農業経済学）を囲む勉強会から、2010年2月に講師として招かれた。ここで〈早稲田ミョウガ〉を探していることを皆さんにお伝えしたところ、梶井先生がおもしろがってくださり、早稲田大学の堀口健治副総長（農業経済学）を紹介していただけた。

堀口先生は、「早稲田なのになぜ「田」んぼがないのか？」という疑問から、大学構内の大隈庭園に、景観に配慮しながら、学生NPO「農楽塾」と一緒に水田を作ってしまった方だ。6月に早稲田大学に堀口先生を訪ねて、「ミョウガを探すので、このあたりの地理に詳しい学生を何人か紹介してもらえませんか」とお願いすると、先生は「ミョウガあったかなー」と少し考えこんでしまった。

しばらくして「あった、あった」とうなずきながら、「校門の前にある。守衛さんに聞けばわかるから」とおっしゃった。何のことかわからなかったが、帰りに校門の守衛さんに「この辺に〈早稲田ミョウガ〉があると聞いたのですが」と尋ねると、指さす先は小野梓記念館。その地下からの非常口に「早稲田茗荷」のモニュメントがあった。

モニュメントには〈相馬御風「みやうが畑時代」より〉として、次のような解説がある。

明治三十五年といへば今から四十九年前になる。あまりに遠すぎる過去であるが、私はやはりあの頃の早稲田が最も懐かしい。田舎の中学校よりはお粗末な木造の校舎があちこちに散らばつてゐて、周囲は杉や欅などの老樹が鬱蒼として居り文字通りの「早稲田の杜」であつた。そして附近には藁葺の農家が散在して居り、みやうが畑がたくさんあつた。そして私の郷里などで見ることのできなかつたあの広いたくさんの茗荷畑が、私にはひどく珍しくもあり、又たいそう美しくも感じられた。約五十年後の今でも、私は時々あの茗荷畑をなつかしくおもひ出す。茗荷畑は早稲田の名物であつた。

御風《ぎょふう》は早稲田大学校歌「都の西北」の作詞者でもある。堀口先生はこのモニュメントの存在を教えたかったようだ。

6月中旬、学生さんにプレゼンテーションをする機会をいただいた。ここで早稲田環境塾と学生NPO「農楽塾」の皆さんと会うことができた。そして6月下旬、早稲田の学生を中心に「早稲田ミョウガ捜索隊」が結成された。

隊長には政治経済学部4年の石原光訓さんが就任し、商学部3年の松井健太郎さんから、「早稲田周辺の商店会長や、昔からずっと早稲田でお店をやっている方のところに行き、聞き込みをしようと考えています。そこで情報を得ながら、早稲田ミョウガを探そうという作戦です。早稲田ミョウガ捜索を通して地元の人と関わり、普段とは違った早稲田を見つけられたらいいですね！」とのメールが届いた。

第1回捜索活動

2010年（平成22）7月17日、梅雨が明けて30℃を超える暑さのなか、大隅講堂の前に集合した参加者は、学生5人を含め、総勢11人。《大隈講堂→南門通り→穴八幡宮→水稲荷神社→戸塚第一小学校周辺》という捜索ルートを設定した。

歩きはじめて5分、さっそく校舎の裏手にある木造民家の庭にミョウガを発見。〈早稲田ミョウガ〉かどうかは別にして、このあたりにミョウガは生えていないと思っていた者もいて、捜索のモチベーションが上がった。そして近所の人から話を聞くこともできた。

校門近くの印刷会社・早美舎《そうびしゃ》の中島達欣社長は、〈早稲田ミョウガ〉の味を覚えていると、記憶を頼りに、20年ほど前まで生えていた場所を地図に書きこんでくれた。さっそく地図を片手に向かってみると、そこは大学の構内。かつては富塚跡（古墳跡）だったところで、確かにミョウガが群生していた。近くを歩いてみると、民家の家庭菜園の一角にもミョウガの群生を発見した。だが、留守だったので、後日改めて訪ねることにした。

戸塚第一小学校の裏口横の花壇に群生しているミョウガには、花穂《つぼみ》がついていた。この時期に花がつくのは早生《わせ》の夏ミョウガなので、晩生《おくて》の〈早稲田ミョウガ〉ではないようだ。

2時間半にわたる第1回捜索活動では、若いみなさんが暑さにもめげずリードしてくれた。早稲田の地理に弱い私は、お荷物にならないようについて行った。

姿を消したとされている〈早稲田ミョウガ〉がまだどこかにひっそりと群生しているのではないか。そう仮説をたてて捜索をした結果、「ミョウガ」は予想以上にさまざまな場所に生えていることがわかった。

第1回捜索で発見した早稲田大学構内の「夏ミョウガ」

第1回の捜索は、ミョウガの生えている場所を確認することにとどまった。〈早稲田ミョウガ〉は、晩生の秋ミョウガと伝えられているので、花穂がつく8月中旬~下旬に再度このルートを周り、〈早稲田ミョウガ〉かどうかを検証する必要がある。

この日のようすは、捜索に参加した東京新聞の松村裕子記者、毎日新聞の明珍美紀記者が記事にしてくれた。2紙の記事をきっかけに、捜索活動はだんだんと話題になっていく。

第2回の捜索活動は7月24日に行われた。この日は東京の伝統野菜について調べているNHK科学文化部の横川浩士記者が参加。このときも群生地が見つかり、第1回と合わせて30か所以上のミョウガの群生地を発見することができた。

栽培が復活した！

晩生のミョウガは8月の旧盆過ぎから花穂が出はじめる。この時期を見計らって、第3回は8月21日に捜索活動を行った。横川記者はNHK「ニュースセブン」のテレビクルーと一緒だった。また、練馬の農家、井之口《いのぐち》喜實夫《きみお》さんにも参加いただいた。

井之口さんは何年か前までミョウガ栽培を手掛けていた方だ。これまでの捜索で「ミョウガ」の群生地は30か所以上あることがわかったが、〈早稲田ミョウガ〉と特定するには、そのうちの幾つかを検証栽培する必要がある。そこで東京都の農業普及員に、東京でミョウガ栽培をしている農家の方を尋ねたところ、井之口さんを紹介されたのだ。

井之口さんは東京を代表するキャベツ農家。昔からよく存じあげていたので、早速、無理を承知でお願いをすると、快くお引き受けいただいた。

２０１０年（平成22）は8月になってから日照りが続いていたが、21日も猛暑となり、全員汗だくとなっていた。これまで見つけた中でも、場所柄から〈早稲田ミョウガ〉だと、もっとも期待された鶴巻小学校近くの民家の庭や、水稲荷神社の境内に生えていた「ミョウガ」は枯れてしまっていた。あちこち歩き回っても条件のよい群生地が見つからない。カメラを担いだテレビクルーも汗だくで、「15時までに渋谷のスタジオに戻らないと今日の放送に間に合わない」というので、我々は西早稲田の住宅街で頭を抱えてしゃがみ込んでしまった。

そんなとき、井之口さんが1軒のお宅の庭に、ミョウガが群生しているのを発見した。これまでチェックしていなかったところだ。ご主人の了解を得て、庭に入らせていただくと、ふっくらして赤みのさした花穂で、なかには花が咲いてしまったものもあった。井之口さんはこれを見て、晩生のミョウガだと確認した。

突然の訪問にもかかわらず、お話をうかがうと、明治26年（１８９３）からお住まいで、大正13年（１９２４）生まれのご主人は、子どもの頃から庭にミョウガが生えていたことを記憶されていた。その頃は早稲田通り沿いには商店が建っていたが、横道に入ると畑が広がり、住宅はまだ2、３軒しかなかったそうだ。住まいは建て替えたものの庭はそのままだという。このお宅を「ミョウガ邸」と命名させていただいた。この日の様子はＮＨＫ

の「ニュースセブン」でも報道された。

このミョウガが〈早稲田ミョウガ〉である可能性が高いことから、12月に井之口さんと再度「ミョウガ邸」を訪問し、休眠したミョウガの根茎を分けていただき、井之口さんの畑で増殖してもらうことになった。

井之口さんの畑に仮植えした「ミョウガ邸」のミョウガは、2011年春の彼岸頃に定植して根茎の育成を行った。井之口さんは「これまで植えっぱなしだったから、根茎がやせ細っていて、よい「ミョウガの子（花穂）」が出るには2〜3年かかる」と話してくれた。話の合間に、井之口さんは昔の栽培技術を見せてくれた。余った根茎を、穴を掘っただけの半地下に植え、陽を遮って栽培するミョウガの軟化栽培である。こうしてできたのがミョウガの若芽「ミョウガタケ」である。

春に定植した根茎から、秋には「ミョウガの子」が発芽した。〈早稲田ミョウガ〉の特徴である、美しい赤みがところどころに出ている。さらに翌年の春には、増殖した根茎を江戸東京野菜の栽培に取り組む4軒の農家に分けて、本格的な〈早稲田ミョウガ〉の栽培が始まった。これによって、春は「ミョウガタケ」、晩夏から秋にかけてはミョウガの花芽「ミョウガの子」が楽しめるという栽培体制が整った。

早稲田の住宅の庭に自生していたミョウガは、固定種の〈早稲田ミョウガ〉であること

「ミョウガ邸」での発見はNHK「ニュースセブン」でも報道された

井之口さんの「ミョウガタケ」栽培

が認められ、2012年8月、江戸東京野菜として登録された。

復興支援、食育活動にも

2011年（平成23）3月11日に起きた東日本大震災により、東北地方を中心に多くの人々が甚大な被害を受けた。この災害の復興に早稲田大学も取り組んでいて、気仙沼の復興プロジェクトに「〈早稲田ミョウガ〉を活用したい」という申し出があった。

誘ってくださったのは、早稲田大学社会科学総合学術院の早田宰先生（都市居住環境論）。JA共済の支援を受けた「気仙沼復興塾」という企画は、ミョウガの捜索活動がご縁となった話だ。

2012年9月には早稲田の商店会連合の主催で、復興支援のための「早稲田かつお祭り」が行われ、気仙沼で水揚げされたカツオの付け合わせとして、復活した〈早稲田ミョウガ〉が活用された。出された〈早稲田ミョウガ〉は、大ぶりで赤みが美しく、晩生ミョウガの特徴がよく表れていた。もちろん好評だった。

また新宿区内の小学校でも、早田先生の呼びかけで〈早稲田ミョウガ〉の栽培に取り組むことになった。2014年2月に練馬の井之口さんが育てた地下茎を、鶴巻小学校に定植し、「早稲田ミョウガ試験栽培園」を作った。その後、早稲田小学校でも栽培が始まった。新宿区内の小学校では、２０１６年には全29校のうち27校で、秋に〈早稲田ミョウガ〉が給食に出るようになった。

この年2月、「ミョウガタケ」をメニューとして出すということで、井之口さんとともに落合第三小学校に招かれた。いただいた「早稲田ミョウガタケと高野豆腐の卵とじ」（口絵⑭下）は、出盛りのやわらかいミョウガタケを薄切りにしてあり、サクサクとした食感が食べやすい。このミョウガタケなら子どもたちも喜んで食べてくれるだろう。

発見から数年がたち、〈早稲田ミョウガ〉は、新宿区ゆかりの江戸東京野菜のひとつとして定着しはじめている。

2　復活のトップバッター――〈品川カブ〉

きっかけは神社の農業説明板

東京都農林水産振興財団で江戸東京野菜の復活に取り組むことになり、食育アドバイザ

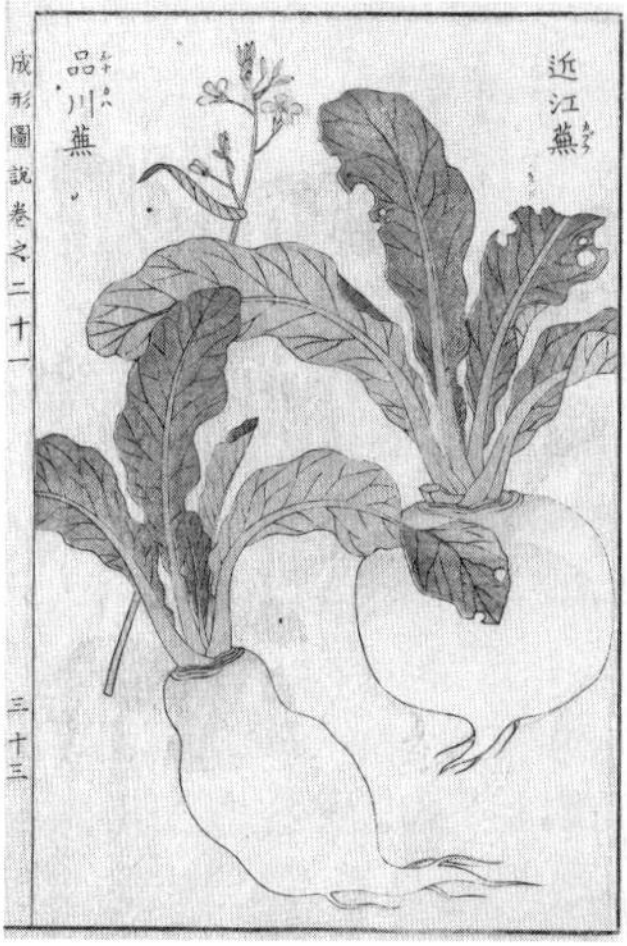

左が『成形図説』に描かれた「品川蕪」（国立国会図書館所蔵）

ーの肩書をいただいた頃、ちょうど目にしたのが、「品川の商店街が往時の活気を失っている」という新聞記事だった。

１９９７年（平成９）から順次設置した農業説明板のひとつに、「品川ネギとカブ」がある。源頼朝によって創建され、徳川家康が関ヶ原に出陣する際に戦勝を祈願したと伝えられる品川神社（品川区北品川）に建てたものだ。

「この〈品川カブ〉を復活させることができたら、北品川のまち興しに役立つかもしれない」、記事を見て、そんなことを思いついた。

薩摩藩の第八代藩主島津重豪《しげひで》の命により編纂された『成形図説』という博物誌がある。ここに描かれた「品川蕪《カブラ》」は、一般に知られる球形ではなく、円筒形でダイコンのような長カブとなっている。この長カブは、江戸末期から滝野川でも栽培され〈滝野川カブ〉といわれていた。

滝野川は中山道最初の宿場である板橋の近くにあり、東海道最初の宿場である品川とは日本橋をはさんでさほど遠くない距離にある。また、台地という栽培環境も似ており、〈滝野川カブ〉には、品川から持ち込まれたという言い伝えがある。だが、明治以降は市場に出回らなくなり、栽培が途絶えてしまった。

この〈品川カブ〉を江戸東京野菜復活の第一歩にしようと考え、2007年、小平市の農家で、旧知の宮寺光政さんに栽培をお願いすることにした。播種していただいたタネは、「東京長カブ」。このカブは、〈品川カブ〉や〈滝野川カブ〉が栽培されなくなったあとも、東京で栽培されていたもので、同じカブと考えられる。

11月になって、宮寺さんは初めて収穫できた〈品川カブ〉を、「住と食文化フェア」が開かれていた江戸東京たてもの園（小金井市）まで届けに来てくれた。会場には、築地の東京シティ青果の野田裕さんの姿もあったので、このカブを〈品川カブ〉のふるさと〝品川〟のまち興しに役立ててほしいと託した。

宮寺さんは、翌年春、花を咲かせて自家採種を行ってくださった。

地元商店街の店主が着目

いっぽう、地元品川でも「品川ネギとカブ」の農業説明板に着目した人がいた。北品川本通りの青果店、マルダイ大塚好雄商店の大塚好雄さんだ。宿場町としてにぎわった北品川の商店街に、かつての活気を取り戻すため、青果商として何ができるかを考えていた方だ。あるとき、お参りに行った品川神社で大塚さんは農業説明板を見た。

品川は江戸湾に面し、中世以来の港町、宿場町として栄え、町をささえる漁業や農業も盛んでした。とくに、農業は、目黒川、立会川流域の低湿田地帯と荏原台地に広がった畑地で、年貢のための稲作を中心に麦や雑穀を作る粗放的農業が行われていましたが、野菜は荏原郡の中でも最も早く産地として発展しました。

江戸にネギが入ったのは天正年間（１５７３〜92）に大阪方面からの入植者によって、砂村（現在の江東区）で栽培されたのが始まりですが、品川も同じで、入植者が持ち込んだネギの栽培は品川宿の周辺から広がり「品川ネギ」として産地化しました。

また、文化元年（１８０４）に著された『成形図説』には越冬用漬物として栽培された長カブ「品川カブ」が記され、天保14年（１８４３）の「東海道宿村大概帳」によると、品川ネギ、大井ニンジン、戸越のタケノコが名産として記されています。

その後、江戸市中へ出荷する野菜の生産地は江戸市街地の発展により、大井、大崎地区を中心に移っていきました。

このあと間もなく、大塚さんとは宮寺さんの畑でお会いし、おもに〈品川カブ〉についての情報を交換するようになった。

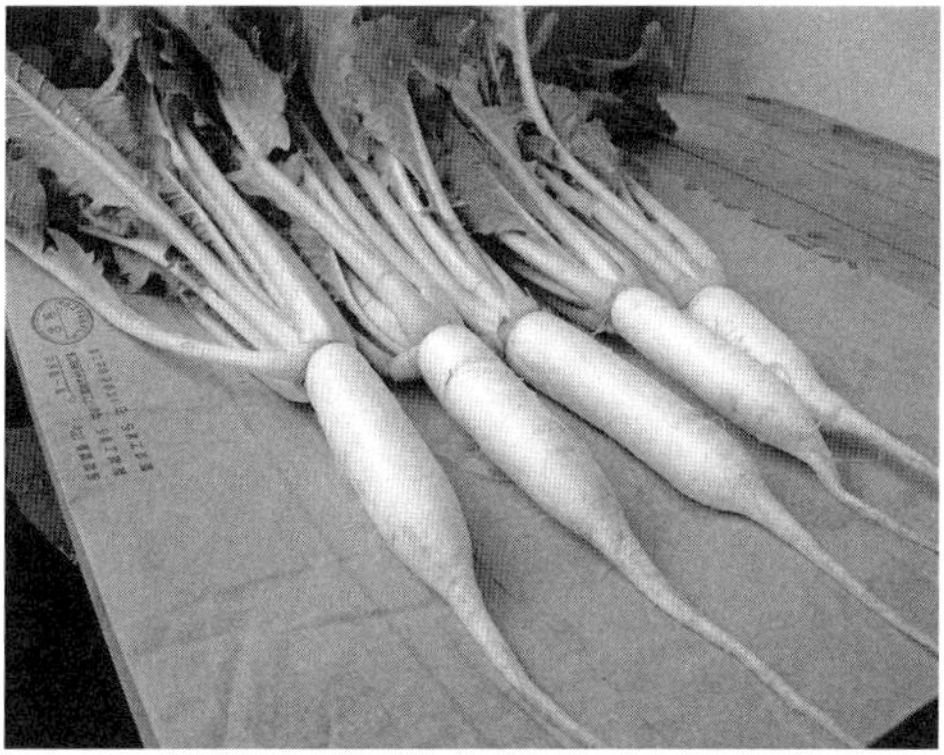
品川カブ。根身が長いのが特徴

品川区の学校で栽培復活

２００５年（平成17）に食育基本法が施行され、翌年には、各区市等に栄養教諭が配置されるようになった。これをきっかけに、食育に携わる先生方は、地域の歴史や食文化と深いつながりがある伝統野菜に今まで以上に注目し、授業に取り入れるようになっていた。

そこで、〈品川カブ〉を食育に役立ててほしいと、付き合いが始まった大塚さんにお願いして、品川区の小中一貫校伊藤学園を紹介してもらった。品川区からも、「地元の名前の付いた農産物を栽培し、郷土を愛する気持ちを育てたい」という要望があり、ＪＡグループのアグリサポート資金を活用し、品川区を担当するＪＡ東京中央会が復活栽培を積極的にサポートしてくれることになった。

そして２００８年10月、カブ作り名人の長久保粂博さん、有機農業を実践する平川幸志郎さんが指導にあたり、同校の９年生が屋上の菜園に〈品川カブ〉のタネを播いた。12月には生徒たちの手で収穫され、給食の食材となった。こうして〈品川カブ〉は、栽培がとだえている江戸東京野菜の「復活のトップバッター」となった。


２０１０年12月12日には、北品川本通り商店会で、大塚さんが〈品川カブ〉の収穫祭を行った。当日は、商店街で栽培した〈品川カブ〉を収穫し、地元の産土様《うぶすな》、品川神社に奉納。そのあとに、〈品川カブ〉の入った「品川汁」300杯が配られた。

この「品川汁」は青森県むつ市川内町に郷土料理として伝わっているもので、茹でた大豆や豆腐をすりつぶして、出汁で伸ばして作る呉汁の一種。

名前の由来は「町勢要覧かわうち」（１９９２年度版）によると、

「江戸時代、シケのため江戸沖で船が難破し船乗りたちは、命からがら品川にたどり着いた。付近の人々が身体が温まるようにと、手もとにある材料で熱い汁を作ってくれ、命が助かった。川内に帰ってからこのことを伝え、品川の人々に感謝の念を込めて「しながわ汁」と名づけたという」（上町・寺田徳穂氏談）。

品川では忘れられていた話だが、いい話である。青森の品川汁には、豆腐を入れるのだが、復活した本家品川バージョンには豆乳が入っていて、コクがあり心も体も温まった。

大塚さんの、〈品川カブ〉で商店街を元気にする試みはどんどん増え続いている。商店街に木造りのプランターを設置してカブを栽培したり、区民農園「マイガーデン南大井」で宮寺さんに指導してもらいながら栽培をしたり、学校での栽培が広がったり……。「品川かぶ漬」（一本漬）をはじめ、北品川にある洋菓子店の「孝庵」が品川カブを牛乳で煮込んだムースを使ったケーキを、和菓子の伊勢屋は、おからと品川カブを餡に入れて葉を練り込んだ饅頭を、南品川の餃子店「しおの屋本店 夢工房」では、ひき肉やキャベツの具にカブや葉を混ぜた餃子を販売、ビールなどの商品も開発された。

２０１１年３月11日、東日本大震災により首都機能が停止し、３００万の帰宅困難者で溢れかえったあの日、大塚さんは、店の前で大鍋いっぱいに温かい「なめこ汁」を作って、臨海地区で被災して川崎、横浜方面に歩いて帰る人々に、夜遅くまで配っていたそうだ。後日テレビのドキュメントで紹介されたのを見て、頭が下がった。

「第６回品川蕪品評会」のようす（品川神社境内）

ゆかりの地で「品川蕪品評会」

２０１２年12月16日の日曜日に、「第１回品川蕪品評会」が、京浜急行新馬場駅前にある品川神社境内で、濱野健品川区長も出席して行われた。濱野区長も品川の野菜の歴史をご存じで、〈品川カブ〉のほか、居留木橋《いるぎばし》カボチャ、荏原の荏胡麻《えごま》、戸越のタケノコなどの話をされた。

審査委員長の宮寺さんから、「葉から根まで〈品川カブ〉本来の特徴が出ている」「虫食いや病気が出ていない」などの審査基準、そして順位をつけて上位５点を選ぶという説明があった。ただ、日程の告知が前もってされていたわけではないので、播種の時期がまちまちで、生育に大きな違いが出てしまっていた。その点も、考慮することが伝えられた。

この年は区内の18校で栽培が行われていたのだが、そんなこともあって、第1回品評会には、「まだ小さいから」と出品を遠慮した学校もあったようだ。以降、9月には品評会の日程を決め、告知するようになって、参加校は一気に増えていくことになる。

第2回品評会からは、品川汁の配布が行われるようになる。また、東京シティ青果は江戸東京野菜を展示し、参加小学校の生徒にお土産として配るなど、〈品川カブ〉によるまち興しの新しい歴史が始まった。

2018年12月に開催された「第7回品川蕪品評会」には、小学校や地域の児童センター等、45団体と個人がエントリー。すっかり北品川界隈恒例の大イベントに発展している。年々品評会が拡大し、品川神社境内は大勢の方々であふれかえった。

この年は、開会にあたり講談師田辺一乃《かずの》さんが、江戸東京野菜講談の「品川蕪汁の由来」の一席を語った。品川の人々の人道的な物語は、会場の人たちに感銘を与えた。また、YouTubeでは、会場から3時間22分にわたりライブ放送を行った。

3　2つのルートで発見――〈千住一本ネギ〉

「ジーンバンク」にあった!

「千住ネギ」は、江戸時代、砂村（江東区東部）から千住（足立区南部）に伝わった根深ネギで、分蘗《ぶんげつ》（茎の根に近い節から新しい茎が出ること）しない「一本ネギ」の仲間だ（口絵③）。

千住では、江戸から昭和にかけて良質のネギが生産され、隅田川にかかる千住大橋のたもとには市場ができて、ネギの一大集積地となっていた。だが、都市化の進行とともに農地面積は減少。とくに、ネギの栽培は1作に1年以上かかることから、栽培から収穫までの回転の速さが求められる集約的な都市農業には向かない。そのため足立区でのネギの栽培は減り、埼玉などの近郊に生産地が移っていった。

主産地は移ってしまったが、販売上のブランドとしては、千住市場に入荷したものを「千住ネギ」と呼ぶようになる。最近では、ブランドとなった「千寿ネギ」をはじめ、埼玉の産地で採れるもののほとんどが、1代雑種（F_1種）に変わったと聞いている。そして、昔から栽培されてきた千住ネギのタネはなくなったと思っていた。

地名を冠した野菜があれば、地域を盛り上げていける――そんな農業による地域貢献を模索して、足立区農業委員会の荒堀安行会長は、千住ネギを復活させようと、タネの存在を調べはじめた。すると、ジーンバンク（国立研究開発法人農業生物資源研究所）にタネが保存されていることがわかった。「このタネをどうしたら活かせるか」と考えた荒堀さんが、旧知の私に連絡をくださったのだ。

根深ネギについては、千住よりも早く、地域に根付かせようと頑張っている地域があった。江東区の砂町地域である（183頁参照）。ご紹介しようと思い、２０１４年（平成26）８月、江東区の第五砂町小学校が〈砂村一本ネギ〉を使って行っている食育授業にお誘いした。

足立区は、近藤やよい区長が日本一おいしい学校給食をめざしている自治体。当然、「千住」の名前がついた地元の農産物が活用されないはずがない。千住地区の小学校に希望を募ったなかから、３校を選び、千寿双葉小学校、栗原北小学校、平野小学校で２０１５年の２学期から、復活栽培の授業が始まった。

荒堀さんは、体育館に集まった児童たちに、「次の時代を担う足立区の小学生に栽培してもらえることになって、うれしく思います。来年の６月にはタネを採って、後輩たちに引き継いでいただき、足立区の農業の歴史でもある千住ネギを、大切に育て、伝えてほしいと思っています」と挨拶。〈千住一本ネギ〉のタネを生徒代表に手渡した。

このあと、ネギの品種について、土寄せなどの栽培法、採種までの一連の流れを説明して、タネ播きを行った。

当日の様子は、ケーブルテレビのジェイコムが放送してくれた。また新聞では、読売新聞、日経新聞、産経新聞が、東京版に記事を掲載してくれた。その後、2018年に西伊興《にしいこう》小学校、2019年には保木間《ほきま》小学校が加わり、「命をつなぐ千住ネギの栽培授業」は、5校で行われている。

千住一本ネギの「タネの伝達式」(栗原北小学校)

ネギ問屋が守り継いだ！

もうひとつは、思わぬところから情報が入った。

２０１５年（平成27）に足立区の小学校で栽培が始まったことをニュースで知った、同区興野《おきの》の花卉《かき》園芸農家・内田和子さんから、「うちでも毎年6月から千住ネギを栽培しています」という電話をもらったのだ。

内田宏之さん、和子さん夫妻は、江戸東京野菜の〈本田《ほんでん》ウリ〉を栽培している。現在では切り花栽培を中心に農業を営んでいるが、かつては水田以外に、ツル菜などのつまものやネギ栽培をしていた農家だ。

固定種の〈千住一本ネギ〉を栽培するにいたった経緯をうかがうと、浅草の老舗ネギ問屋「葱善《ねぎぜん》」の田中庸浩社長からの依頼だという。

田中さんに尋ねてみると、「固定種の野菜は揃いが悪くなるといわれますが、これはネギも同じです。しかし、先祖代々伝わってきた固定種のネギを自分の代でなくすわけにはいきませんから、茨城の農家さんに頼んで、〈千住一本ネギ〉を栽培してもらっていたのです」と、固定種のタネを守り継ぐ心意気を語ってくれた。

田中さんは食育にも熱心で、地元、台東区の金竜小学校、千束《せんぞく》小学校、蔵前小学校で〈千住一本ネギ〉の栽培を指導するなかで、千住ネギの故郷「足立区でも栽培したい！」という思いが募っていったのだという。そんなとき、たまたま新たに取引が始まった足立区の蕎麦屋さんの伝手で、〈本田ウリ〉を栽培している内田さんを知り、栽培を依頼したのだという。

2015年、内田さんの畑で〈千住一本ネギ〉の栽培が始まった。前年の12月に播種した苗1000本を定植したのだが、殺菌用に籾殻の燻炭《くんたん》と、加湿を防ぐために稲藁を入れた。また、葱善ではネギの根張をよくするために、竹炭を施肥《せひ》するなど栽培指導も実施している。

その後、江戸東京野菜の〈千住一本ネギ〉は、練馬の井之口喜實夫さん、三鷹の冨澤剛さんなども栽培をはじめている。葱善では、太いのは「鍋もの屋」さん、中太は「そば屋」さん、細いのは「焼き鳥屋」さんと、需要に応じて販売してきたという。

2つのルートで発見された〈千住一本ネギ〉は、それぞれ順調に栽培され、地元や近隣地域の人々の舌を楽しませている。

4 江戸東京スイーツの東西横綱——〈本田《ほんでん》ウリ〉〈小金井マクワ〉

季節になると、マスクメロンやプリンスメロンなど、今では多くのウリ類が店頭に並ぶが、ひと昔前まで、夏の果物といえばスイカとマクワウリだった。マクワウリには、果皮が黄色い「金マクワ」と、緑色に縞のある果皮の「銀マクワ」があり、江戸東京野菜の〈鳴子ウリ〉〈府中御用ウリ〉は金マクワ、〈本田ウリ〉〈小金井マクワ〉は銀マクワの仲間だ（口絵⑨、80頁参照）。

農家が自家用に育ててきた〈本田《ほんでん》ウリ〉

銀マクワの〈本田ウリ〉は〝ひょんなこと〟から発見された。

２００９年（平成21）８月、当時の勤務先の東京都農林水産振興財団に、東京都農林総合研究センター江戸川分場（江戸川区鹿骨）の主任研究員・山岸明さんから電話が入った。山岸さんは以前、江戸川分場で開催されたシンポジウム「小松菜の明日を考える」でお世話になった方だ。

電話口の山岸さんは「固定種のマクワウリが見つかりました！」と、いくぶん興奮した口調だった。話を聞くと、足立区興野の内田和子さんから電話があったのだという。

内田家では、昔から毎年、自家用にマクワウリを栽培してきた。タネは自家採種し、翌年はそのタネを播いて栽培してきたが、このままではタネが純粋に近づき、不稔の症状がおこるのではないかと心配になった。そこで、江戸川分場で試験栽培しているマクワウリ

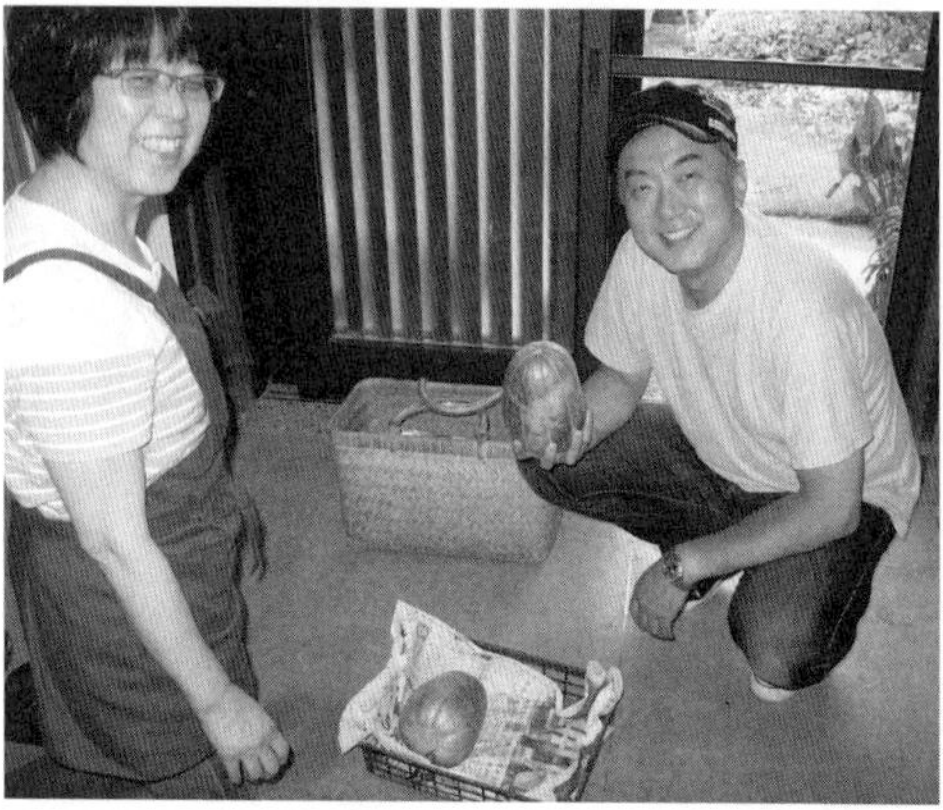

内田さんから本田ウリを受け取る「押上よしかつ」の佐藤勝彦さん（右）

のタネを分けてほしくて電話したのだそうだ。

　山岸さんは内田さんに、採種の仕方にまったく問題はないこと、東京都農林総合研究センターで保存しているウリのタネは果皮が黄色い金マクワだけで、内田家で栽培しているウリと同種のタネはないと電話で伝えた。

　内田さんからの電話を切った後、山岸さんは「内田家のウリは大ぶりで、緑色の果皮に縞模様がある」と私に電話をくれたのだ。その週の土曜日、さっそく車を飛ばして内田さんのお宅にうかがった。

　内田宏之、和子夫妻は「このマクワウリを食べないと、夏が来た感じがしない」と、銀マクワを栽培してきたという。

　花卉栽培のかたわら、野菜の庭先販売をやっていたのだが、「これは何?」「どうやって食べるの?」と聞かれるのが面倒になり、家族で食べる分だけを作って、サラダにして食べているのだという。近隣のどの農家も自家用に作っているものだと思っていたが、「そんなに珍しいものとは知らなかった」と、驚いたのは内田さんのほうだった。

内田家のマクワウリはずっしりとしていて、黄色い果肉は香りがよく、食べるとほのかな甘みがある。江戸時代に中川流域の本田《ほんでん》地区（葛飾区）で栽培が盛んだった〈本田ウリ〉そのものだ。

「本田ウリ〝発見〟」のニュースが新聞などで紹介されると、区民などから「昔食べたマクワウリを食べたい」とのメールや電話が、内田さん宅に殺到するようになったという。

その後、足立区だけでなく、各地で栽培に取り組む生産者が増え、和・洋・中華の料理人からも、夏の食材として注目されるようになっている。

東京西部では〈小金井マクワ〉復活

内田さんが栽培していたマクワウリが、昔懐かしい〈本田ウリ〉だとわかったことは、もうひとつの銀マクワの〝発見〟につながった。

東京西部の小金井市で、江戸東京野菜を栽培している農家、井上誠一さんから、「うちでも昔から自家用にマクワウリを作って、毎年採種している」という情報が入ったのだ。

井上さんだけでなく、小金井市の何軒かの農家でも、「銀マクワ」と呼ばれるマクワウリを代々自家用に栽培していることがわかった。

そこで、小金井に伝わってきたマクワウリを生産者たちは「小金井」に掛けて「黄金《こがね》のマクワウリ」と名づけた。これは2011年に江戸東京野菜に登録された。しかし果皮が緑色の銀マクワなのに名前が「黄金マクワ」では、金マクワと混同されかねないことから、2013年に〈小金井マクワ〉に名称変更された。

井上さんたちの〈小金井マクワ〉は、JA東京むさしの農産物直売所（小金井経済センター）などに出荷されるようになった。


〈本田ウリ〉と〈小金井マクワ〉の発見は、私の江戸東京野菜復活への思いをいっそう強める出来事だった。

江戸東京野菜を復活させるには、〈練馬ダイコン〉など昔から栽培されてきた野菜の普及拡大と、〈寺島ナス〉などジーンバンクに保存されているタネからの復活という2通りの道筋しか考えていなかった。だが、先祖代々、人知れずひっそりと栽培され続けている幻の野菜の発見は、同じような野菜が他にもあるのではないか、そんな期待をふくらませてくれる出来事となった。

5　テレビを見ていたら、発見——〈城南小松菜〉

小松菜の昔と今

　今日「小松菜」として店に並んでいるものは、ほとんどすべてが交配種の小松菜だ。中国野菜のチンゲンサイやタアサイなどと掛け合わせて作られたものだから、葉が立つような性質で、栽培するときに株間を広くとる必要がない。そのぶん収穫量は多くなる。日持ちもよく、病気になりにくい性質だから、北海道から沖縄まで広く栽培され、１年を通して出荷されている。昔からの「小松菜」とは異なる、新しい野菜なのだ。だが、昔の名前で販売されている。

　それに比べて固定種の小松菜は冬の野菜で、栽培時期が限られているので周年栽培は難しい。栽培でも、新しい葉が出てくると、外葉がどんどん寝てしまうので、株間を広くとらないと風通しが悪くなって病気にかかりやすい。また収穫のときは束ねにくく、束ね方が悪いと、やわらかい葉や茎がポキッと折れてしまうなど、扱いにくさもあって、次第に栽培されなくなってしまった（〈ごせき晩生小松菜〉122頁参照）。

しかし、食べてみるとおいしい。そこで交配種と区分するために固定種の小松菜を〈伝統小松菜〉と命名した。〈伝統小松菜〉の味を知る人からは、「今の小松菜とは色や葉のかたちが違う」「濃い味がした」という話を聞く。

世田谷生まれの伝統小松菜〈城南小松菜〉も、１９８０年代まではよく栽培されていたが、いつの間にか作られなくなり、幻の小松菜となっていた。

幻の小松菜発見

かつてＮＨＫで「キッチンが走る！」という番組をやっていた。俳優の杉浦太陽さんがゲスト料理人と、キッチンを備え付けたワゴン車に乗って生産地を旅しながら、ご当地食材を使って季節の料理を作り上げるというものだ。

この「キッチンが走る！」で、世田谷区の住宅地に点在する農家が何軒か紹介されていた。そのひとつが、等々力《とどろき》で有機農業を実践している大平農園だった。

大平農園は、戦後日本の荒廃のなか、東京の農家を結集して食糧の増産運動を指導した、大平信彌さんが開いた農園で、現在は娘の大平美和子さんが受け継いでいる。農薬や化学肥料に頼っていたそれまでの野菜づくりを、徐々に無農薬有機栽培に転換させていったのは、美和子さんの亡くなられたご主人・大平博四さんだ。

博四さんは、農業の原点に立ち返り、農薬と化学肥料をいっさい使わない、先祖伝来の農法への回帰を実践した。農薬の代わりに天敵を利用し、野鳥やクモ、畑に棲んでいるガマガエルなどで害虫を退治する農法だ。化学肥料の代わりには、庭木、庭園樹、街路樹などの剪定枝などを破砕し、堆積して作った堆肥を使っていた。

博四さんとは、明治神宮農林水産物奉献会の新年御例会でお会いし、「世界有機農業運動連盟」で講演を聞いたこともあった。また、博四さん亡きあとは、美和子さんが遺志を継ぎ、ボランティアの支援を得ながら、大平農園が今でも有機農業を実践していることや、一代雑種（F_1種）の野菜は栽培しないことなどは存じ上げていた。

そんなことを思い出しながらテレビを見ていると、カメラは小松菜を収穫する大平さんを追っていた。そして次の瞬間、小松菜が大きく映し出されたとき、思わず「あった！」と叫んでしまった。幻の〈城南小松菜〉を発見した瞬間だった。

番組には、世田谷区瀬田の農家で〈伝統大蔵ダイコン〉栽培の第一人者である、大塚信《のぶ》美《よし》さんも出演していた。大平さんと親交のある大塚さんに番組終了後、電話をして「小松菜」の話をすると、〈城南小松菜〉のタネを譲ってもらうことになったという。それを聞いて、〈城南小松菜〉の普及を確信し、ホッとした。

前年までに江戸東京野菜としては、〈ごせき晩生《ばんせい》小松菜〉だけが登録されていたが、2

０１２年8月、江戸東京野菜推進委員会（ＪＡ東京中央会）によって〈城南小松菜〉が登録された（口絵⑩）。

城南小松菜。茎が折れやすいので、収穫では注意が必要

ミクニレッスンにも使われる

大平農園で採種された〈城南小松菜〉のタネは、少しずつ広まっていく。西多摩郡瑞穂町の都立瑞穂農芸高校でも、横山修一先生によって栽培・採種が行われた。このタネを使って、世田谷区にある東京都市大学付属小学校の授業が行われることになった。

同小では２０１１年（平成23）から、「オテル・ドゥ・ミクニ」のオーナーシェフ・三國清三《きよみ》さんによる調理実習「ミクニレッスン」を4年生が行っている。年に12回、野菜を育てたり、日本の食文化や食事のマナー、地域食材などについて学びながら、最後に収穫した野菜を使った調理実習を行うというものだ。毎年、私もゲストティーチャーとして招かれている。

調理実習でサラダに使う、西洋ふだん草、彩り二十日大根、サラダホウレンソウなどとともに、〈城南小松菜〉を栽培している。固定種の〈城南小松菜〉を用いるのは、地元世田谷に伝わる野菜の歴史や味を伝えるためだ。

2019年（令和元）11月の「ミクニレッスン」では、調理実習で「マヨネーズとハンバーグ」が作られた。卵を割って卵黄1個を攪拌しながら、サラダオイルを少しずつ時間をかけて加えていく。合間に雑談でテレビドラマの話題を盛り込みながら、「みんな、わかったら「ウィ　シェフ！」だよ」とセリフの指導も。最後にオレンジジュースを加えて、オレンジ味のマヨネーズが完成したところで、三國シェフの「わかりましたか！」に、生徒たちは「ウィ　シェフ!!」と大きな声で応えた。

出来あがったところで、頭の上で逆さまにしても「落ちない」パフォーマンス。ハンバーグのソースには皮つきリンゴを一緒に煮て、香りのいい「ミクニスペシャルハンバーグ」が完成した。おいしかったことは、いうまでもない。

江戸東京野菜の魅力を語る｜1

聞き手・大竹道茂

井之口喜實夫さん

野菜生産者（練馬区高野台）

キャベツ栽培第一人者として、農林水産大臣賞を8回も受賞した篤農家。〈早稲田ミョウガ〉の捜索をきっかけに、江戸東京野菜と出会い、新たな展開が生まれた

——早稲田での捜索では、ありがとうございました

大竹さんから「早稲田ミョウガの復活を手伝ってほしい」というお話をいただいて、3回目の早稲田ミョウガ捜索活動（34頁参照）に参加しましたが、大竹さんとは、宅地並み課税の反対運動や、平成10年（1998）に「甘藍《キャベツ》の碑」（練馬区立石神井小学校脇）を建てるのを一緒にやりましたから……。

バブル経済が崩壊するころから、ミョウガの大半は高知県で生産されるようになりました。同じ頃、うちのミョウガに病気が出はじめたこともあって、次第にミョウガ栽培の面白味がなくなり、2002年には栽培をやめてしまいました。

参加したのは3回目の捜索だったそうですが、あるお宅の庭に群生地を見つけたときは、その姿かたちから、これが晩生のミョウガで、〈早稲田ミョウガ〉であると確信しました。12月に、そのお宅を再訪して、休眠中のミョウガの根茎を分けてもらい、うちの畑の隅に仮植えして、翌年の春から本格的に〈早稲田ミョウガ〉の増殖にとりかかりました。

同時に畑に軟化栽培の穴を掘って、ミョウガの若芽のミョウガタケも作ることにしました。〈早稲田ミョウガ〉のミョウガタケは春に食べ頃になります。今では〈早稲田ミョウガ〉発祥の地、新宿区の小学校ではミョウガもミョウガタケも学校給食のメニューとなっています。

――井之口さんご自身の栽培も復活したのですね。伝統野菜の栽培はどうですか

昭和20年代末までは、このあたりでも〈千住ネギ〉〈ごせき晩生小松菜〉〈滝野川ゴボウ〉などを作っていましたから、もともと昔の野菜に興味がありました。〈早稲田ミョウガ〉発見の後、いろいろな江戸東京野菜があることを大竹さんに教えてもらい、どんな野菜なのか、どれくらい栽培が難しいのか、作って挑戦したくなりました。

伝統野菜にはいろいろな欠点があり、その欠点を補うために改良種が作られて、一年中栽培できるようになりました。ならば、伝統野菜の欠点を特徴として活かせばいい。そのためには、「適地適作」といわれるように、その土地に適した作物を選び、栽培適期を外さないようにすれば、昔の野菜を栽培しても充分に採算がとれるはずです。

昭和20年代までうちでも作っていた〈練馬ダイコン〉、さらにうちの主力作物のキャベツと仕事が重ならない〈寺島ナス〉〈馬込半白キュウリ〉など、夏の果菜類に挑戦することにしました。するとどんどん面白くなって、〈ごせき晩生小松菜〉〈千住一本ネギ〉〈内藤トウガラシ〉なども作りたくなります。ネギは栽培期間が長いので畑の回転が悪くなるのですが、今年は3000本の苗を植えました。収穫が楽しみです。

――都市で農業をすることのご苦労は？

農業高校を出て、当たり前のこととして家業の農業を継ぎました。わが家は駅から徒歩6〜7分の距離にあって、交通の便もよいので、昭和30年代初めから宅地が増えて、今ではマンションだらけです。うちの畑の一部を駐車場にすれば、身体も生活もラクになるのはわかっていますが、しかし、そういうのは得意ではなくて。身体を使って働くほうが性に合っています。

今まで50年以上農業をやってきて、失敗もありました。キャベツ栽培で失敗したら何が原因だったのかを考え、同じ失敗を繰り返さないよう努めてきました。もうひとつ気を付けていることは、わが子の前で絶対に泣き言はいわないことです。親が農業をイヤになったら、子どもは後を継ごうとは思わないですから。自然相手の仕事のすばらしさを、自信を持って伝えてきたからか、息子が後継者として仕事の中心になってくれています。
私も70歳を超えました。キャベツの収穫などの力仕事はきつくなりましたが、百姓というのはよくしたもんで、身体に応じた仕事がたくさんあるのです。農業のよさは、なんといっても一生続けられることですね。

三國清三さん　オテル・ドゥ・ミクニ オーナーシェフ

フランスで修業の後、1985年にフランス料理レストラン「オテル・ドゥ・ミクニ」開店。食育や各地の地産地消の応援など、社会貢献活動にも積極的に取り組む

――なぜ東京の食材にこだわったレストランを作ったのですか

東京・丸の内の「ミクニマルノウチ」のことですね。開店は2009年（平成21）ですが、その何年か前に、『ソトコト』という雑誌で、東京の農家さんを訪ねて旬の野菜を分けてもらい、店に持ち帰って料理を作るという連載を持ちました。この企画を通して多くの農家さんに会い、東京に地場の食材が充実していることに、新鮮な驚きがありました。それより何より、先祖代々の農家としてプライドをもって農業を営んでいる何

軒もの農家さんと触れ合えたのは大きかったです。

そこで江戸東京野菜など、東京産の食材を活かした店を開きたいと考え、あるイベントで知り合った大竹さんに相談したのです。江戸東京野菜の復活に尽力している大竹さんは、ぼくの話を聞いて何人もの農家の方と引き合わせてくれ、そして食材調達の道筋をつけることができたのです。

ミクニマルノウチのオープンから10年余りがたちました。お客さまは開店当時も今も、野菜をはじめ肉、魚、乳製品などの食材、さらには調味料もすべて東京産ということに驚かれます。東京の地産地消フランス料理レストランは意外なのですね。今では四ツ谷の「オテル・ドゥ・ミクニ」の食材も6〜7割は東京産になっています。

――地産地消にこだわりがあるのですね

イタリアで生まれたスローフードに、食材はなるだけ近いところから調達して二酸化炭素排出量を削減しようという「0キロ運動」があります。東京であれば地元の食材を使うことは、しごく当たり前のことです。

わざわざ遠くから運んだものより、近いところで採れたものの方がみずみずしく、味も香りもよい。北海道であれば北海道の食材が一番おいしいし、東京であれば、東京の自然風土に育まれた食材がおいしいことは、何の不思議もなく自然の理にかなったことです。だから、もしパリで料理するとしたらパリの食材を使うのと同じ気分で、東京の食材を使っています。

ぼくが生まれ育ったのは北海道増毛《ましけ》町です。おやじは漁師で、おふくろは農家でした。小学校のころからおやじといっしょに漁船に乗り、魚の鮮度は目とエラを見るという知恵を身に付けました。また、畑でおふくろの手伝いをしながら、たとえばキュウリであれば太陽の動きに向かって曲がるし、トマトは太陽が当たったところだけが赤くなるのが自然の姿であることを学びました。ところが曲がったキュウリ、全体が赤くないトマトは売れない。そうしてハウス栽培などで平均的な味になったんですね。

両親のおかげで、新鮮な魚、採れたての野菜のおいしさ、香り、みずみずしさを体感していることは、ぼくの料理人としての原点であり、強みです。

――子どもたちの食育に取り組まれる理由は?

改めて自分の原点に気づいたのは、1998年にNHKのテレビ番組「課外授業 ようこそ先輩」に出演させてもらったときです。母校である全校児童6人の小さな小学校に行き、子どもたちと畑を回って新鮮な野菜を見つけ、いっしょに料理しました。ところが今の子どもたちは、故郷に豊かな恵みがあることをあまり実感していないのです。

ぼくは家が貧乏だったので、中学の同級生はみんな高校に進学するのに自分は働いて仕送りしなければならない。でもどうしても勉強したくて、札幌の米屋に住み込みの丁稚奉公しながら、夜間の調理師学校に通うことになりました。その後、札幌グランドホテルで下働きをし、東京に出て、海外で修業し、現在があるわけですが、自分の味覚を育んでくれたのは故郷の味でした。

自分が住んでいる地域の近くには農家さんがいて漁師さんがいて、おいしい食材を届けてくれる。そういうことに子どもたちには興味をもってほしいと思い、全国の小学校での味覚の授業「KIDS‐シェフ」や、東京都市大学付属小学校での食育授業「ミクニレッスン」をスタートさせました（60頁参照）。

ミクニレッスンでは調理実習で使う野菜を育てることからはじめます。野菜を育て、調理をしながら、東京にも代々続く農家があり、おいしい野菜を作ってくれていることを伝えたいと活動を続けています。

第２章　日本を旅した野菜

１　東北から里帰り──〈青茎三河島菜〉

江戸で漬け菜といえば

２０１０年（平成22）２月、東京都教職員組合の学習会で、荒川区の小学校の栄養士さんから、「荒川区ゆかりの伝統野菜があったら、子どもたちに食べさせたいので探してほしい」と頼まれた。すぐに三河島菜、三河島枝豆、汐入大根、荒木田大根などが頭に浮かんだが、歴史的にもおもしろいのは、やはり「三河島菜」だ。だが、タネはまだ確保していない。熱心な栄養士さんの思いを実現してあげたいと思い、さっそく探しはじめた。

三河島菜の「三河島」というのは荒川区の地名だ。徳川家康は、1590年（天正18）の江戸入府に際して、地元の尾張・三河・遠江・駿河などから、配下の武士はもちろんのこと、商人から職人、農民までを引き連れて移り住み、江戸の都市づくりを行った。このとき、三河の農民を入植させたこの地を「三河島」と名づけたという説がある。

三河島菜は、江戸時代には「漬け菜といえば〝三河島菜〟」といわれるほど定着していた野菜で、とても人気があった。

荒川区の観音寺に伝わる18世紀末の記録には、十一代将軍家斉《いえなり》が鶴御成《つるおな》りや鷹狩に出向いたとき、寺が将軍に三河島菜を提供したことが記されている。また、後に十三代将軍となる家定の鷹狩の際には、休憩所に指定された新堀（荒川区日暮里）の浄光寺で、三河島菜を献上したことが、寺の記録に残されている。

1881年（明治14）に発行された『東京府下農事要覧』には、「十一月にだんだんに抜き取って収穫する。葉が大きく、葉柄部は歯切れよく、おいしい塩漬けにして、人びとが賞味する。そのためこの村では全戸が栽培し、もっとも有名である」と、当時さかんに栽培されていた様子が記されている。

このように三河島菜は、庶民から将軍にまで食された、荒川と縁の深い野菜なのである。

だが、私が探しはじめたときには、栽培が途絶えて久しく、タネは見つからなくなっていた。その背景には、栽培地の都市化と、新たな野菜品種の導入などがあった。

１８９６年（明治29）の鉄道敷設で三河島の産地が分断され、加えて三河島駅ができたことで三河島の開発が進み、それにともなって産地が尾久方面に移動して生産量が減少した。また品種改良も行われたが、新たな野菜品種の導入などもあって、伝統種ばかりか、改良種の三河島菜も姿を消してしまった。

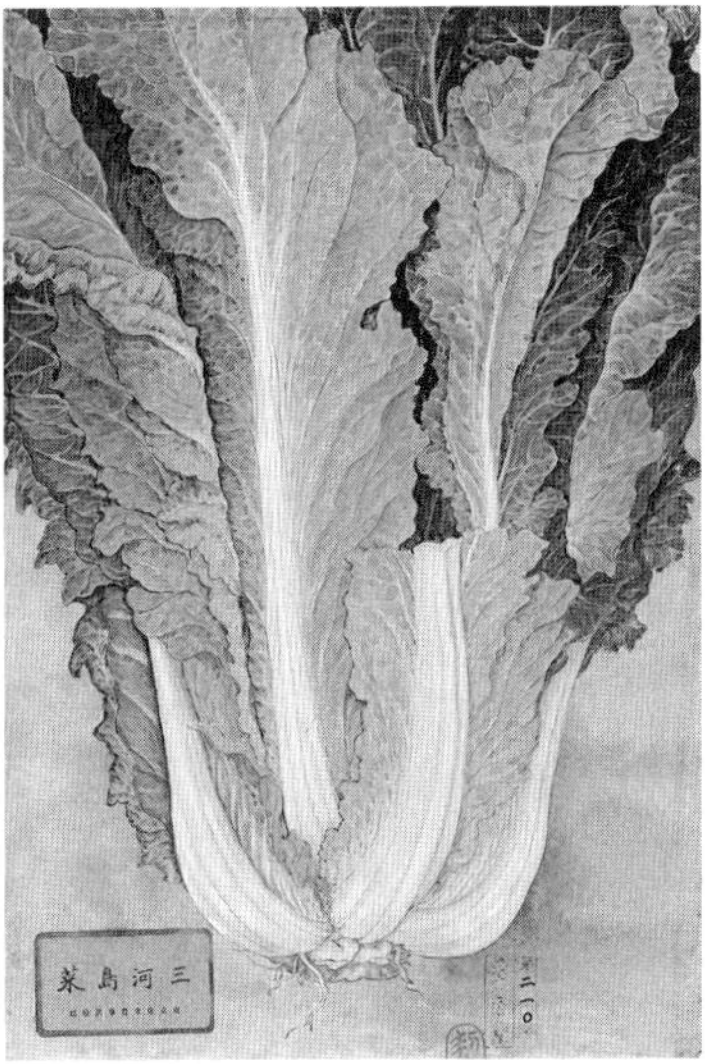

細密画の「三河島菜」は白茎（東京都農林総合研究センター所蔵）

伝説の「三河島菜」の姿は、一枚の絵として残されていた。農事試験場（農業試験場）がまだ「東京府立」だった時代（明治元年から昭和18年）、カメラはまだ一般的なものではなかった。そのため試験場では、記録用に画家を採用して野菜や果実、花や牛馬などを細密画として描かせていた。その細密画が、いまも都の農林総合研究センターに保存されているが、そのなかに「三河島菜」の絵があったのである。

この絵の「三河島菜」は、結球していない白菜のような白茎菜である。目に見える情報としての三河島菜は、この絵がすべてだった。ちなみに、この改良された「白茎菜」はまだ発見されていない。

タネが仙台に⁉

どうやってタネを探したらいいのかを考えあぐねていたある日、以前、東北の伝統野菜を取材していた農業共済新聞の田澤宏志記者から、「仙台の今庄《いましょう》青果が「仙台の伝統野菜」について取り組んでいるから、情報交換をしてみては……」というアドバイスをいただいていたのを思い出した。

今庄青果のホームページを開くと、特に普及に力を入れる5品目の伝統野菜が挙げられ、そのなかの「仙台芭蕉菜」の説明に「文献には、別名で「三河島菜」と記されており、東京都荒川区三河島で作られていた「三河島菜」から変遷したもの」と記されていた。

だが、ホームページの「仙台芭蕉菜」の写真は青茎で、細密画の白茎とは形状が大きく違い、異なる品種にしか見えない。この時点では「これは別物」と判断した。だが、いくつかの資料を確認するなかで、伝統種であることが明らかになってきた。

今庄青果の庄子泰雄社長に、「仙台芭蕉菜は三河島菜から変遷した」という話の出典をうかがうと、1906年（明治39）3月発行の吉野平八著『最近蔬菜栽培法』（仙台養種園）に、「三河島菜（仙台にては芭蕉菜と称す）」とあるのだという。その文献が仙台農業改良普及センターにあるというので、電話を入れると、同センターの主任主査の菅野秀忠さんが親切に応対してくださり、コピーを送っていただいたことで確認ができた。

また、江戸東京野菜の応援団の1人で、福羽逸人《ふくばはやと》（西洋園芸技術の導入に尽力）の研究をされている新宿御苑の職員、本荘暁子さんからも、新宿農事試験場（現新宿御苑）が発行した明治43年版の「品種カタログ」に三河島菜の情報が載っていることを教えていただいた。そこには三河島菜として、青茎三河島菜と白茎三河島菜の2種類があり、青茎は「古来耕作し来りし有名なるもの」、白茎は「在来の青茎より変生せしもの」と記されていた。

また、『北豊島郡誌』には「三河島漬け菜は本郡の在来種で有名だった。元を遡れば山東菜の変性ではないか、三河島漬け菜と呼ばれるようになったのは徳川幕府初代の頃で、葉の形状は広く大きく、茎は細身で長く、其色は淡緑として軟らかくとあり、明治の初年より青茎の中から、種子を選別して改良した結果、現今の白茎菜となり、作付面積を増した」云々とある。

つまり、東京で絶滅してしまった〈青茎三河島菜〉は、東北の仙台で、そのタネが受けつがれていたのだ。

江戸の野菜には、参勤交代などで日本各地から江戸に持ってこられたあと、江戸の気候風土に合ったものは江戸の食文化を育み、再び全国各地で栽培されるようになったものがいくつもある。三河島漬け菜のタネも、天保の初め（1830）には滝野川の種屋街道（旧中山道、北区滝野川六丁目）で販売されていた。このことからも「仙台芭蕉菜」は、江戸土産として仙台へと旅をした野菜だったことがわかる。

なぜ「芭蕉菜」なのか

今庄青果の庄子泰雄さんにお会いしたくて、2010年（平成22）9月、仙台を訪れた。東北新幹線の仙台駅前広場から通りを一本入ったところに、露地をはさむように東四市場《とうよん》があり、いくつかの青果店が軒を並べ、お客さんでごった返していた。今庄青果の店先には宮城県産の野菜が並んでおり、仙台伝統野菜の「仙台曲がりネギ」も並んでいた。

宮城県仙台青果物商業協同組合の理事長の肩書をもつ庄子さんから、伝統野菜への取り組みをうかがった。いろいろなご苦労があったようだが、今では、宮城県仙台農業改良普及センターの協力も得られるようになり、「仙台野菜ブランド化推進協議会」（2001年〜）も立ちあがって、普及推進も軌道に乗ってきたとのことだった。

庄子さんの伝統野菜への熱い思いは止まるところを知らず、初対面とは思えないくらい意気投合、時を忘れて話し込んでしまった。

言い伝えとして庄子さんが話す芭蕉菜の由来はこうだ。伊達藩の足軽が、参勤交代の折に青茎三河島菜のタネを仙台に持ち帰った。タネを育ててみたところ、今まで見たこともない大きな葉の菜ができたことから、「芭蕉菜」と名づけた、と。仙台は芭蕉栽培の北限を越えているので、江戸で大きな芭蕉の葉を見た人が名づけたのだろう。

うかがった9月は、店頭に並ぶ時期ではなかったので食べることはできなかった。だが、仙台芭蕉菜、つまり〈青茎三河島菜〉は、畑に放っておくと大きく葉を広げて80センチ以上にもなり、しゃきっとした歯ごたえが特徴だと説明を受けた。

ふるさと東京で栽培復活

庄子泰雄さんのお話で、「仙台芭蕉菜」こそが〈青茎三河島菜〉であることがわかった。「さて探すぞ」と思ったのだが、念のため、買いためたタネを調べてみて驚いた。あるではないか。仙台に行く3か月ほど前に、小平市の農家・宮寺光政さんと野口種苗へうかがったとき、珍しいタネがあると思って購入したものだった。さっそく宮寺さんに栽培をお願いした。

2010年（平成22）の12月になって、宮寺さんから、「順調に生育している」という知らせがあった。収穫してもらい、鍋料理にしてみたところ、クセのない味で、いくらでも食べられる。

宮寺さんはこれを地元小平の農産物直売所に出荷するというので、名前は「里帰りした三河島菜」でどうかと提案。仙台から東京へ、百数十年の時を経て、〈青茎三河島菜〉の栽培が復活したのだ（口絵⑳）。

栽培復活のニュースをブログ「江戸東京野菜通信」に写真付きで載せたところ、仙台の庄子さんから「大きく成長しましたね、仙台の芭蕉菜よりも上品に見えるのは気のせいでしょうか？　写真を見ると、嫁に出した娘に孫が生まれたような感じです」とのうれしいコメントが寄せられた。

だが、栽培を復活させただけでは、まだ栄養士さんの依頼には応えられていない。次の課題は、この「里帰りした三河島菜」をどう料理するかだ。

江戸東京野菜料理研究家の酒井文子さんに、「青茎三河島菜を使ったレシピを考えてほしい」と連絡したところ、宮寺さんの畑に飛んできてくれた。そして「三河島菜のポタージュ」「三河島菜の和風ロール」などの創作料理を考案してくれた。

小平市の中国宮廷麵料理「なにや」の主人松村幹男さんは、同店の名物メニュー「三色

の大餃子」の具に使い、墨田区押上の「よしかつ」の佐藤勝彦さんは、江戸前ハマグリと

〈品川カブ〉とともに「小鍋仕立て」に使うなど、〈青茎三河島菜〉を使った新メニューを出しはじめた。

　一方で、荒川区からは栄養士・清水一枝さんと栄養教諭・鈴木恵理さんも、宮寺さんの畑に「里帰りした三河島菜」に会いに駆けつけてくれた。そして翌2011年9月、尾久《おぐ》宮前《みやまえ》小学校で、伊藤英夫校長のご理解を得て、授業での栽培が始まった（伊藤校長は、その後、新任地の第一日暮里小学校でも〈青茎三河島菜〉の栽培を行っている）。4年生の総合学習の実習に宮寺さんを招き、〈青茎三河島菜〉のタネ播きを行い、12月には、栄養教諭の鈴木さんが「播種70日目に収穫しました」と、手紙と写真を送ってくれた。

　4年生43人は、収穫した〈青茎三河島菜〉を家へ持ち帰ったという。荒川区教育委員会では、学校で栽培したものは放射能の影響などの問題から、給食の食材として食べることができないからだ。自分たちが収穫した三河島菜のことを、一家団欒の食卓で自慢げに話す子どもたちの様子が目に浮かんでくる。

　4年生の育てた〈青茎三河島菜〉は、3月になると花を咲かせ、5月にはタネ採りの季節になる。そこで新5年生の手で採種され、後輩の4年生たちに手渡されて栽培が引き継がれていくのだ。

北区峡田地区の小学校の校章（『江戸・東京 農業名所めぐり』より）

校章の植物はなんだ？

余談になるが、こんな話もある。〈青茎三河島菜〉の発見から遡ること23年。1987年（昭和62）に、荒川区町屋の第七峡田《はけた》小学校では、6年生の「しらべ学習」で、「峡田地区の小学校、7校の校章にデザインされている植物は三河島菜だ」という仮説を立てて、同定調査を行ったことがあった。

現在の荒川区荒川・町屋地域は、江戸時代には上野の山の峡《はけ》からの湧水で周辺の水田は潤っていた。このことから「北豊島郡三河島村峡田《はけた》」と呼ばれ、三河島菜の栽培が盛んだった。しかし明治末期から都市化が進展し、三河島菜の栽培は途絶えていく。それと入れ替わるように、次々と開校したのが、「峡田」の名前がついた小学校である。

結成された「七峡小探偵団」は、昔の農家や八百屋さんに、三河島菜の栽培のことや販売のことを聞いたり、東京都農業試験場（現・東京都農林総合研究センター）まで出かけて、校章と細密画とを比べて、仮説が正しいと結論づけた。

この話は、私が編纂に携わった『江戸・東京 農業名所めぐり』（企画発行 ＪＡ東京中央会、

発売　農文協）で紹介したものだ。だが正直なところ、復活栽培で花茎を伸ばすまでは、私自身も半信半疑だった。だから、宮寺さんの畑で花茎が伸びてきた三河島菜を見て、「七峡小探偵団の調査結果は正しい」と確信して、正直ホッとしたのだった。

荒川区恒例のイベントに

〈青茎三河島菜〉の復活はマスコミでも話題となり、地元の反響も大きかったことから、荒川区観光振興課の谷井千絵課長は、２０１１年（平成23）、〈青茎三河島菜〉を荒川区の観光資源と位置づけ、区内の飲食店への普及、地域資源の価値を高めるための６次産業化への取り組みを開始した。また区のホームページに「『復活！あらかわの伝統野菜』だより」というページを設け、荒川区の伝統野菜の最新情報を発信しはじめた。

２０１２年10月の第１号には「新たな取組　都立農産高校とのコラボレーション、スタート」の記事がある。

都立農産高校は、荒川区の東、葛飾区にある高校で〈金町コカブ〉〈千住一本ネギ〉〈亀戸ダイコン〉など、地元の伝統野菜の栽培研究を行っていた。新たに「三河島菜」にも着手し、２０１３年12月、荒川区観光振興課の主催で、農産高校の生徒たちが栽培した三河島菜を販売するイベント「三河島菜がにっぽりマルシェにやってくる!!」が開催された。

2014年1月には、「甦った三河島菜を味わってみませんか？」と、荒川区の飲食店4店で、農産高校の生徒が育てた〈青茎三河島菜〉を生かしたメニューを提供するイベント「三河島菜試食会」が行われた。また、区役所内レストランでは〈青茎三河島菜〉を使った日替わりランチが登場。「一度食べたいと思っていた地元野菜を食べられて幸せだ」という感想が寄せられた。その後、「にっぽりマルシェ」「三河島菜試食会」は毎年恒例のイベントとなっている。

2　はるばる美濃から来た――〈鳴子ウリ・府中御用ウリ〉

家康が定めた「御瓜田《ごかでん》」

私が子どもの頃、夏の甘味といえば「マクワウリ」だった。美濃国の真桑村で栽培が始まったことから「マクワウリ」という名がついて、全国に広まった。メロンに押されてすっかり見かけなくなったが、この昔懐かしいマクワウリが江戸と深いつながりがあることを知ったのは、伝統野菜の復活に取り組みはじめた頃である。美濃からの長い旅を経て武蔵国で栽培されるようになり、特産の〈鳴子ウリ〉〈府中御用ウリ〉になった（口絵⑧）。

戦国の武将・織田信長、豊臣秀吉、徳川家康は、産地が近かったこともあったのだろう、美濃のマクワウリを好んだ。美濃を攻略した信長が室町幕府十五代将軍足利義昭に献上したという記録もあり、また『太閤記』には、マクワウリの畑で遊宴を催すことが武将たちの習いだったことが記されている。

家康は江戸に入府すると、好きだった鷹狩の場所を探しただけでなく、マクワウリの栽培に適した土地も自ら探している。関東総鎮守「六所宮《ろくしょぐう》」（現在の大國魂《おおくにたま》神社）には、息子の秀忠を伴ってたびたび訪れ、アユ漁ができる多摩川が近くに流れ、遠く富士山を望むこの地が気に入ったという。家康は府中の地を選び、二代将軍秀忠の時代に美濃の国からウリ作りの名人を呼び寄せた。

府中市郷土の森博物館が所蔵している、幕末に製作された府中の鳥瞰図「武蔵府中国府台勝概一覧図」には府中のウリ畑（御瓜田《ごかでん》）が描かれている。同館の敷地には「御瓜田」の説明板が設置されている。

江戸時代、江戸近郊には年貢米のほか、将軍家で消費する新鮮な野菜や果物、魚介類などの「御菜《おさい》」、「御前菜《ごぜんさい》」の上納を指示された村が数多くありました。多摩地域では多摩川の鮎、小金井の栗などとともに、府中の真桑瓜もその一つでした。

初めは瓜の名産地、美濃の国真桑村（現在の岐阜県真正町）から技術者を呼び、種を取り寄せていましたが、元禄年間からは府中の農民が受け継ぎ、江戸時代を通して瓜作りが続けられました。

府中三町（本町・番場宿・新宿）と是政村の水田八反歩（後に三反歩）を瓜畑とし、元文二年（一七三七）からは御進献御瓜として、毎年六千個以上も熟れ具合に応じて日々江戸城へ送っていました――（後略）。

新宿に近い柏木村鳴子で栽培

府中の御瓜田の起源には諸説あるが、1617年（元和3）には栽培が始まっていたようだ。府中市に残る史料によると、秀忠の時代に、美濃国でウリづくりの名人といわれた上真桑村の百姓庄左衛門と、下真桑村の百姓久右衛門の2人を呼び寄せ、府中三町と是政村の地で、畑を替えながらマクワウリを毎年作らせた。「畑を替えながら」というのは連作障害から守るためである。

2人は毎年2月初めに美濃から府中にやってきて、竹矢来《たけやらい》で囲まれた畑の脇に小屋を建てて栽培した。ウリができると「御用瓜」とか「葵瓜《あおいうり》」の幟を立てて江戸城に赴き、将軍家に上納して、8月には美濃に帰ったという。だが、美濃と府中との行き来は負担が大きかったため、その後何年かして府中に住み着くことになった。

家康の入府以来、江戸周辺の農村や漁村には、将軍家が召し上げるための作物を作る上納地が設けられた。魚は「御菜肴八ケ浦《おんさいさかなはちがうら》」として、金杉浦・本芝浦・品川浦・大井御林浦・羽田浦・生麦浦・子安新宿浦・神奈川浦や本牧浦などの漁村から、アユは多摩川から上納された。江戸柏木の成子にもマクワウリの御前栽畑《おんせんざいばたけ》が設けられ、元和年間（1615～24）には「鳴子瓜」として上納し、後にこの地域の特産物となった。

1717年（享保2）の記録によると、ウリは江戸城本丸に1000個、西の丸に500個上納された。また1740年（元文5）には、ウリの早作り試作地（促成栽培試験農地）が設けられ、栽培や品種の改良が行われている。

江戸後期の文政年間（1818～30）に編纂された『江戸町方書上《かきあげ》』（別名『文政町方書上』）には次のような一文がある。

「当所名産鳴子瓜」

一、当所名産鳴子瓜之儀は元和年中之頃、専ら作り上納致し候由、年々瓜畑を撰び、反別持主名前等書き上げ作り申し候由、元和六年申八月、右瓜畑調役人坂本次郎右衛門、根本与左衛門、落合左衛門と申す名前これあり候えども、右は、御公儀様御役人衆に御座候や。または地頭所役人に候やの訳け、相分かり申さず候、

鳴子ウリ。昔の甘さが復活した

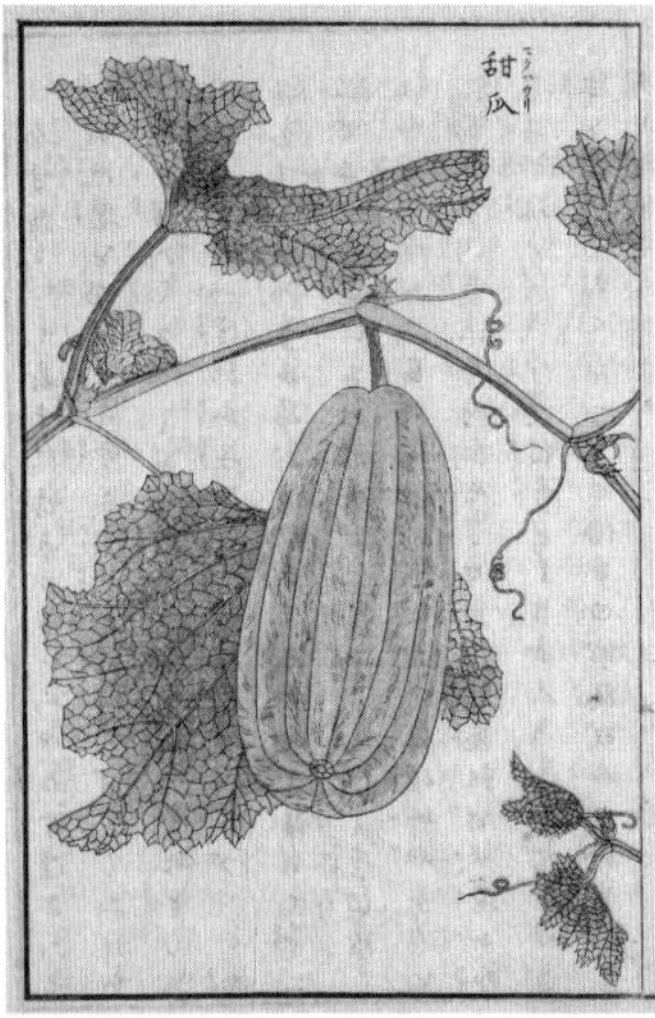

『成形図説』に描かれた「甜瓜」(国立国会図書館所蔵)

また、１８２５年（文政8）の『本草図譜』（岩崎灌園）における「まくわうり」に、「江戸四ッ谷鳴子村にてつくるもの上品なり。熱すと金黄色で緑色の筋があり、果肉は緑色ではなはだ甘い。濃州真桑村から出るものと同形」とある。

甘いものが少なかった江戸時代、真夏に井戸で冷やされた「府中御用瓜」「鳴子瓜」は、将軍はもとより江戸庶民にも好まれる「水菓子」だった。１８０４年（文化元）発行の『成形図説』は、甘いウリ「甜瓜《てんか》」と書いて、「マクワウリ」と読ませている（84頁下参照）。

〈府中御用ウリ〉の栽培復活

〈府中御用ウリ〉の復活にはひとつのきっかけがあった。

２０１０年（平成22）に府中本町駅（ＪＲ武蔵野線）前で、家康や秀忠、家光が鷹狩やアユ漁などの休憩所とした「府中御殿」と考えられる遺跡（「武蔵国府跡御殿地地区」）が発見されたのだ。家光の時代の１６４８年に焼失してから再建されなかったため、史料にはあるが場所がわからなくなっていた史跡だ。

かねてから地ビールなどで府中市のまち興しをしたいと考えていた「府中商人塾」（府中商工会議所）の和田純一さんは、「府中御殿」の発見を目にして、「これだ」と思い立った。そして2012年の春、「徳川三代が好んだマクワウリを栽培したい」と私のもとに相談に訪れた。なんでも、プロジェクト自体はすでに市販の甜瓜で「まくわ瓜・グリーンカーテンプロジェクト」を発足させ、栽培をはじめているという。「もしマクワウリのタネが入手できれば、それは江戸東京野菜だから協力しましょう」とお応えした。

前述したように「マクワウリ」は、美濃国（現在の岐阜県本巣市真桑地区）に由来する。「JAぎふ」によると、万葉の時代から栽培されていたウリで、以来、長く日本古来の甘いものとして食されてきた。だが1962年（昭和37）、マクワウリと西洋メロンを交配した「プリンスメロン」が作出されると、その甘さが人気となり、地元でもマクワウリ栽培は先細りになっていった。

「このまま伝統の野菜を途絶えさせてはいけない」と考えた地元では、1990年に「真桑ウリ栽培研究会」を設立し、特産品のマクワウリのタネを保存し、栽培を継続する活動を開始していた。早速、趣旨を伝えて「タネをいただけないか」とお願いしたら、「果実を買ってくれ」という。それでは取り組みが1年先になってしまうが、やむをえなかった。

タネの手配は目処が立ったので、次は生産者探しだ。2012年4月、府中を管轄のひとつとするJAマインズの杉崎忠雄組合長に協力を要請。地元府中の小澤嘉一副組合長にお骨折りいただいて、府中市西府町の石川孝治さんを紹介していただいた。

2013年から石川さんによって本格的な栽培がスタートしたが、依頼者の和田さんは他市に転出してしまったので、栽培の復活と普及を独自にすることとなった。

2013年、マクワウリは江戸東京野菜〈府中御用ウリ〉として登録された。また、「御用ウリ」の栽培が記録されている府中三町のひとつ、かつての是政村地区にある府中市立小柳小学校で2013年から、かつての番場地区にある同市立本宿小学校で2014年から〈府中御用ウリ〉の復活栽培が行われた。

学校での栽培では、石川孝治さんに苗の育成をお願いした。研究熱心な石川さんは、「府中御用ウリの栽培特性はまだ十分にわからない」と、いろいろと試作し、丹精込めて苗を育成してくださった。このような研究を経て生産されたマクワウリは、直売所などへの出荷も行われている。

2018年（平成30）には〈鳴子ウリ〉のシャーベットが新宿御苑のレストランゆりのきで販売されたのをはじめ、同年10月には、オネストが製造し、小城プロデュースが販売する「府中御用ウリシャーベット」が登場するなど、続々と商品化が進んでいる。

新宿の小学校で〈鳴子ウリ〉を栽培

こうしたマクワウリの栽培復活に関心を持ってくれたのが、新宿都心の超高層ビルが間

「草むしりや水やりを児童が一生懸命やってくれる」と、梶谷正義先生は話してくれた

近に見えるところにある新宿区立柏木小学校である。

　校名の由来となっている柏木村（現在の新宿区北新宿）にも、府中の御用瓜栽培と時を同じくして御前栽畑が設けられ、マクワウリが栽培されていた。この地域が「鳴子」と呼ばれていたことから、マクワウリは「鳴子ウリ」と呼ばれて将軍家に献上され、柏木村は明治になるまでマクワウリの産地として知られていた。

　地域が〈鳴子ウリ〉の産地だったことから、柏木小は総合学習のひとつとして栽培をはじめたのだ。栽培指導は梶谷正義先生にお願いした。都立高校で園芸を担当していた経験を生かして、新宿区の農業体験事業等の指導をされている先生だ。

　２０１４年、夏休み明けの総合学習の授業で、柏木小学校の児童全員で収穫した〈鳴子ウリ〉を試食した。1人わずか2切れずつだったが、夏休みも登校して水をやり、虫をとり、うどん粉病対策などにかかわっただけに、子どもたちの〈鳴子ウリ〉への思いは強い。

まず、香りをかぎ、「メロンの匂いだ！」と、みんなで匂いを確認した。そしてひと口食べて「甘くて、おいしい」、ふた口目には「メロンとキュウリに似た、微妙な味」「メロンの味なんだけど、ちょっと薄い」など、生育にかかわったからこその感想がいろいろ出てきた。今とは違う昔の「甘さ」を体験して、驚いたようだ。

こうして、〈鳴子ウリ〉の栽培は復活した。美濃のマクワウリが〈鳴子ウリ〉となってから、実に370年ぶりに柏木の地に復活した。柏木小学校では、その後、4年生の総合学習で〈鳴子ウリ〉の栽培と江戸東京野菜の学習に取り組み、〈鳴子ウリ〉とフルーツ缶を使った「鳴子ポンチ」を作って地元由来のウリを楽しんでいる。

2017年（平成29）11月25日、柏木小学校で行われた開校20周年記念式典で、佐藤郁子校長は、お土産に学校で採種した〈鳴子ウリ〉のタネを配った。このタネを、地域の方から譲り受けた新宿区の柏木特別出張所の丸尾信三所長が、表通りの花壇で栽培をはじめたところ、地域の話題となった。〈鳴子ウリ〉が、地域に定着しつつあることに手応えを感じる出来事だった。

3　京野菜「堀川ごぼう」のもとになる――〈滝野川ゴボウ〉

「種屋街道」の人気商品

西の多摩川と東の荒川にはさまれた武蔵野台地は、滝野川（現在の北区滝野川）を東端とした台地であるため、江戸の昔から野菜の産地だった。

そんな畑作向きの土地で作られるようになった野菜が〈滝野川ゴボウ〉である。耕土の深い関東地方の代表的なゴボウだ。古いところでは平安時代末期の記録に出てくるが、栽培の記録が残っているのは江戸時代に入ってからのようだ。

〈滝野川ゴボウ〉栽培は、元禄年間（1688〜1704）に北豊島郡滝野川の鈴木源吾によってはじめられたとある。直径は3センチほどだが、長さは1メートルにもなる大長《おおなが》ゴボウで、香りも味もよいと、江戸市中で評判になった。

人気が出れば、採種されたタネは江戸土産として販売され、全国に広まっていく。タネの販売で有名だったのが、種屋街道。巣鴨のとげぬき地蔵から、滝野川を経て板橋宿へと続く中山道の一区画にあった。ここに野菜のタネを商う店が集まり、誰となく「種屋街道」と呼ぶようになった。

　その起こりは、徳川綱吉ゆかりの〈練馬ダイコン〉と関係が深い。尾張から大根のタネを取り寄せて練馬で栽培させたところ、関東ローム層の深い黒土は根菜類の栽培に適しており、よく育った。盛んに栽培されるようになると、滝野川ではタネ採りを生業とする者があらわれ、〈練馬ダイコン〉のほか、〈滝野川ゴボウ〉〈滝野川大長ニンジン〉なども人気商品となった。

　一粒万倍、軽くて持ち運びしやすいタネは、日本各地の農業振興につながった。江戸で改良されたタネは、参勤交代で国許に帰る際の江戸土産として競って買い求められ、全国に持ち帰られたのだ。そして各地で、その土地の気候風土に合うよう改良され、地元特産の野菜に育っていった。ゴボウでいうなら、国内で栽培されるものの大半は〈滝野川ゴボウ〉の流れを汲むといわれている。

　種屋街道はその後、時代とともに大きく変わり、明治中期以降に板橋駅が開業すると、街道沿いに店を構える種苗会社はカタログ販売を開始し、鉄道で全国へと発送された。〈滝野川ゴボウ〉はタネとなって、その栽培は日本各地に広がった。だが発祥の地では、昭和の初期まではさかんに栽培されていたが、陸軍の兵器工場などが建設されるようになって、途絶えてしまい、東京での栽培は東村山市や立川市などの多摩地域に移っていく。

ちなみに、ゴボウは日本ではメジャーな野菜だが、原産地は中国北部からヨーロッパにかけての広い地域で、日本に野生種はない。しかし、日本以外で栽培する地域はないので、外国産の植物が日本だけで作物化した唯一の例といわれている。中国では薬用や飢えをしのぐための救荒植物として利用されるくらいで、ヨーロッパにはシーボルトが持ち帰ったが、野菜としては普及しなかったようだ。

滝野川ゴボウと京野菜「堀川ごぼう」

意外なことかもしれないが、京野菜として知られる「堀川ごぼう」の栽培には、実は「滝野川系ゴボウ」が使われている。

「堀川ごぼう」のいわれにも歴史がある。

天下統一をなしとげた豊臣秀吉は、自身の邸宅、聚楽第を平安京内裏跡に建てた。関白秀次を切腹に追い込んだ後、聚楽第を取り壊したのだが、このとき聚楽第の堀はゴミ捨て場となってしまった。そこに偶然、葉を茂らせていたのが、ゴボウだった。掘り起こすと、太いゴボウの中には〝ス〟が入っていた。もったいないと、食べてみると香りがよい。こうして江戸時代の初め頃から、本格的に栽培されるようになったという。

聚楽第の外堀のあたりは「堀川」という地名だったことから、「堀川ごぼう」「聚楽第ごぼう」と呼ばれるようだ。諸説あるようだが、面白い話だ。

だが、なぜ細くて長い「滝野川系ゴボウ」があのように太いゴボウになったのだろうか。野菜文化史研究センター代表の久保功先生に教えていただいたところ、「堀川ごぼうは品種名ではなくて、在来のごぼうを苗にして、高い技術と丹念な土作りによって作りだす、香り高い畑の芸術品なのです」とのこと。現在、「堀川ごぼう」の生産者は「滝野川系ゴボウ」の若苗を作付していて、作り方はこうだ。

桂川河川敷の特定地で、2月にタネをまき、トンネルハウスで育てたあと、6月に一度収穫をする。そして、生長点を残して葉を切り落とし、根も50～60センチで切り落として、斜めに伏せ込む。植える角度は15度で、土をかけた上にたっぷりの有機質肥料を乗せてから2次育成が始まり、均等に栄養が回るので太くなり、12月にはお節用に収穫されるということだ。

東京で〈滝野川ゴボウ〉を栽培する

小平市の農家、岸野昌さんは〈滝野川ゴボウ〉に魅せられ、２０１１年（平成23）から

岸野昌さんは、トレンチャーで1m以上の深さの穴を掘り、ここから収穫する

栽培に取り組んでいる。初年度は夏場に雨が少なかったことと、農地の深耕が充分でなかったことから、二股のものが多く出てしまった。だが、その後は順調に生育し、太さ4センチ長さ80センチ以上、1本の重さ1キロの良質のゴボウを収穫し、市場から高い評価を得ている（口絵①）。

〈滝野川ゴボウ〉を栽培するには、畑を1メートル以上も深く耕す必要がある。そこで岸野さんは専用の深耕トレンチャーを購入。これでゴボウの脇を掘り起こし、そこに鉄の棒を突き刺すことで周りの土を崩してゴボウを抜き取る方法で収穫している。

4　甲斐から伝わる――〈おいねのつる芋〉〈治助イモ〉〈白岩《しらや》ウリ〉

東京は１０００万を超える人々が密集する大都会だが、その西端には東京都の最高峰、２０１７メートルの雲取山をはじめ、１０００メートル級の山々が連なっている。山梨と接する南側にあるのが、島嶼部以外では都内唯一の村、檜原《ひのはら》村である。

甲斐、武田武士の落人伝説が伝わる村には、四輪駆動車でないと入れない集落もある。この奥深い山里の檜原村で、代々にわたって栽培されてきた２つの野菜が、江戸東京野菜の仲間入りをした。〈おいねのつる芋〉（２０１６年登録）と、〈白岩《しらや》ウリ〉（２０１７年登録）である。

花嫁とともにやってきたジャガイモ

２０１１年９月初めに、山形在来作物研究会の江頭宏昌会長（山形大学農学部教授）からメールをいただいた。「檜原村にジャガイモの在来種があるという話を、信州大学農学部教授の大井美知男先生から聞いた」という。大井先生は、長野県の伝統野菜の掘り起こしにいち早く取り組んだ方だ。

メールには、「われわれが普段食べているジャガイモの大半は明治以降に導入された品種だが、檜原村のジャガイモは江戸時代に導入された古いタイプのジャガイモの可能性がある。一度、調査に出かけられては」とあった。野菜の在来種を研究している方は日本全国におられる。こうした方々のネットワークから得られる情報は、とても貴重だ。

檜原村へは現役時代に何回も行ったことがある。ジャガイモは小さいながらもおいしさに定評があった。そこで、以前もお世話になったことのある檜原村数馬《かずま》の料理旅館「三頭《みとう》山荘」まで、さっそく車で出かけた。

数馬は、山梨県との県境にある「檜原都民の森」の入口近くにある。この地区には、兜造りという檜皮葺《ひわだぶ》きの屋根をもつ家屋が何棟か残り、情緒ある旅館などになっている。そのなかのひとつ、三頭山荘は築400年の古民家で、名物は22品もの山菜の小皿が並ぶ山菜料理。大女将の岡部里久子《りくこ》さんは、22品を説明しながら、自ら栽培したジャガイモを皮ごと塩茹でしてごちそうしてくれた。茹でたてはホクホクで、実にうまい。

岡部さんの話では、このジャガイモは、近くにある「数馬山荘」（休業中）の何代か前の女将、お稲さんが作りはじめたイモだという。

江戸時代の終わりの頃、お稲さんが甲斐国（山梨）の都留《つる》から峠を越えて嫁にやって来た。このとき実家から花嫁道具のひとつとして持たされたジャガイモなので〈おいねのつる芋〉と呼ばれ、とてもおいしいことから栽培が広がったそうだ。

おいねのつる芋。男爵イモよりも小さめで、つるんとした形

当時は15、16歳で嫁ぐことも多く、嫁に出す親は嫁ぎ先でかわいがってもらおうと、野菜の料理法を教え込んだ。嫁は労働力だから、はじめは居場所も少ない。そこで実家から持たされたジャガイモを種イモにして栽培し、料理を作り、舅、姑に食べさせ、「お前の料理はうまい！」と認められることで、居場所ができたのだ。

このように、この地域には甲斐の国との間に人や物の交流があった。〈おいねのつる芋〉はその野菜版といっていいだろう。

大女将の話を聞いて、〈おいねのつる芋〉を栽培した畑を見たくなり、裏山に案内してもらうことになった。斜面に栽培されているとは聞いていたが、畑を歩き慣れている私の足にも応えるほどの急斜面。ここに、里久子さんはこの年も〈おいねのつる芋〉を植えたそうだ。「最近は足が痛くて」といいながら、畑での栽培のようすを説明してくれた。

急斜面の畑で作るからおいしい

里久子さんは大正14年（1925）1月生まれで、22歳のときに檜原村南郷からお嫁にきたそうだ。平坦な土地がない檜原は、田を拓けないので米が採れず、昔から麦や高粱《コーリャン》を食べていた。

「嫁に来たころは、〈おいねのつる芋〉があって助かった。おいしかったから麦飯とつる芋ばかり食べていた。家族が8人もいたから、おばあさんは毎晩、うどんやそばをぶってくれた。汁には大根を何本も入れて煮て、それだけでも結構うまかったんだよ。最後に、汁の中にぶったうどんやそばを入れて食べたが、毎日でも飽きなかったよ」

と、当時のことを語ってくれた。

〈おいねのつる芋〉の栽培方法には諸説があるようだが、2010年（平成22）10月、東京都西多摩農業改良普及センターの菊池正人さん（檜原地区普及指導主任）にお願いして、檜原村の在来作物の栽培状況調査に同行させてもらった。このとき、山梨県東端の上野原町西原《さいはら》（現在は上野原市）から、峠を越えて檜原村にお嫁にきたという、生産者の小林正江さんとお会いした。

正江さんによると、ジャガイモの植え付けは1個を3つぐらいに切って、腐敗しないように藁灰《わらばい》などを付けて行うという。数馬より下った人里《へんぼり》集落あたりでは、早い人は2月に植えるらしいが、芽が霜にやられるので、正江さんは地温が上がる3月末から4月半ばぐらいに植えている。男爵イモに比べると小ぶりだが、たくさん収穫できて病気にも比較的強い。収穫期は葉が枯れる7月末ごろとなるそうだ。

おいねのつる芋を栽培している岡部さんの畑

数馬一帯は海抜600メートル以上あり、霧深く、昼と夜の寒暖の差が大きいことから、味の濃いジャガイモが育つといわれる。土壌には小石が混じり、急峻な地形は水はけがよいからだろう。

収穫したイモは、屋根裏や床下に入れて、凍らないよう保存する。とくに翌年に植え付ける種イモは、大切に保存している。塩茹でするのは土地の食べ方で、ネギ味噌をつけることもあるという。

奥多摩町の〈治助イモ〉

数馬の北側、檜原村の藤倉集落では、〈おいねのつる芋〉を数馬からきたイモということで「数馬イモ」と呼んでいる。隣町の奥多摩町の〈治助《じすけ》イモ〉は、明治時代に治助というお爺さんが檜原村（山梨県とも）から種イモを持ち帰ったのがきっかけで、奥多摩地域に広まったといわれている。だがイモの肌の色が〈治助イモ〉と〈おいねのつる芋〉では違いがあり、〈治助イモ〉のほうが若干だが黒っぽい。戦時中までは作られていたが、やがて収穫量の多い男爵イモに取って代わられた。近年、峰谷地域で栽培されていることがわかり、奥多摩町では「治助イモ」で商標登録している。2019年3月には、江戸東京野菜として登録された。

山間部の「むかしのキュウリ」

ＪＲ武蔵五日市駅から三頭山荘へ向かう途中に、檜原村観光協会直営の特産物直売所「やまぶき屋」がある。この店には夏になると、檜原や奥多摩で栽培されている「むかしのキュウリ」という幻のキュウリが出る。

ＪＡ秋川の鈴木留次郎理事の話では、このキュウリは、檜原村の最奥地の藤倉地区にある白岩《しらや》という標高８００メートル位の山間部にある小さな集落で、毎年、夏野菜として栽培されてきたものだ。だが、収穫量が少ないことなどから栽培する人が少なくなり、現在では数えるほどの人が自家用として作っているだけだという。

白岩ウリと鈴木留次郎さん。へたの近くが黄色くなると食べ頃

鈴木理事の紹介でお会いした藤倉地区の田倉信子さん（80代）は、自分で食べる分だけ「むかしのキュウリ」、すなわち〈白岩ウリ〉を近くの畑で栽培している。

２０１７年（平成29）８月にご自宅を訪ねたときは、キュウリとしては半白だったが、まだ雌花を付けているもの以外は食べ頃がなっていた。若採りをせずに２週間ほど置くと、実は黄色くなり、大きいものは長さ30センチ、太さは直径8センチぐらいにもなる（口絵㉑）。

信子さんは、キュウリとミョウガを一緒に一夜漬けしたものと、削ったキュウリに鰹節をかけて、味噌で食べるものを出してくれた。なんでも、ご主人が健康のために必ずこの時期、毎日食べるのだとか。香りがよく、この頃は種も柔らかい。

鈴木理事は檜原村湯久保に住む峰岸奈津子さん（当時86歳）の話をしてくれた。湯久保は白岩地区に似た山間地で、標高500〜600メートルの間の傾斜地に家が点在する集落。奈津子さんは檜原村藤倉で生まれ育ち、子どもの頃から明治生まれのおじいさんが栽培するキュウリを食べていたという。

おじいさんは常々、「若いキュウリは採るな」といっていて、食べ頃のキュウリを採ると、「まだ早い、大きくなってから採りなさい」と、よく叱られたという。自給自足が基本の山間地の厳しい暮らしでは、薪作りや炭焼き、こんにゃく栽培や養蚕がおもな収入源だった。畑の作物が非常に貴重だったため、少しでも大きくして食べるようにと、若採りせず、キュウリの皮が黄色くなってタネが採取できる状態になるまで収穫しなかったのだ。

キュウリは黄色く熟してから食べる

祖父は奈津子さんが嫁ぐとき、〈白岩ウリ〉のタネを持たせてくれたそうだ。

『野菜は世界の文化遺産』（淡交社）などの著書のある、野菜文化史研究家の久保功先生に教えていただいた話によると、「古代は黄色く熟した実を食べていた」のだという。

１９８８年に、奈良国立文化財研究所が平城京二条大路の長屋王の邸宅跡を発掘した際、１３００年前の３万点もの木簡が出土した。長屋王は天武天皇の孫で、奈良時代初期に政治の中枢を担っていたが、藤原氏の陰謀で滅ぼされた悲運の王子である。

木簡は薄く削った木片に墨書したもので、荷札などに用いられた。このとき出土した木簡のなかに、「野菜木簡」と呼ばれるものが多数発見され、そこに「物部廣庭進黄瓜壱拾参顆」「多米麻呂進黄瓜壱拾肆顆」と「黄瓜」の文字が見つかったというのだ。

今日、キュウリはタネが未熟なうちに収穫しているが、「古代は黄色く熟した実を食べていた」という久保先生の話に身を乗り出してしまった。

キュウリはそもそも黄瓜《キウリ》で、若採りで食べ始めたのは室町時代になってからだという。若採りを食べるようになって、「胡瓜」という文字が使われている。「胡」という字は、中国から伝わった胡麻《ゴマ》、胡桃《クルミ》、胡椒《コショウ》、昔は胡蘿蔔《ニンジン》などにも使われていたが、中国ではシルクロードを経て中国に入った野菜などにつけられている。

甲斐国に隣接する檜原村の各地には、武田武士の落武者伝説がある。檜原村に連なる山梨県でも、熟してから食べる品種のキュウリがある。古代史から想像をふくらませると、この黄色くなったキュウリを食べるという習慣が甲斐から檜原へと伝わったと考えることができるかもしれない。

実際には、檜原村の〈白岩ウリ〉については言い伝えのみで、書物などの記録は見つかっていないが、「〈おいねのつる芋〉が都留から伝わったように、〈白岩ウリ〉も山梨から伝わったと考えるのが自然だ」と鈴木理事はいう。

武田信玄の娘、松姫が山梨から八王子へ落ち延びた際に、檜原村を通った記録が残っている。また三頭山荘の岡部里久子さんも、岡部家のルーツは武田の落人だと語っている。武田の落武者が藤倉にタネを持ち込んだというのも、まんざら空想とはいい切れないのではないだろうか。

檜原村の急斜面の畑で、代々栽培されてきた〈白岩ウリ〉。鈴木理事が、田倉さんから分けてもらったタネから、〈白岩ウリ〉の栽培をはじめて3年目になる。「長い歴史を伝える、この太いウリの生産者を増やして、檜原村の特産物にしたい」と鈴木理事は語る。

特産物直売所「やまぶき屋」で求めた〈白岩ウリ〉は、皮をピーラーで削って素麺と混ぜながらいただくと、みずみずしく、香りも爽やかでサクサクとした味わいで、ポン酢でいただいてもおいしかった。

練馬で江戸東京野菜を栽培している井之口喜實夫さんに聞くと、井之口家でも子どもの頃、自家用は黄色くなってから収穫し、2つに割ってスプーンでタネをかき出して、ぬか漬けにして食べていたという。

江戸東京野菜の魅力を語る｜2

聞き手・大竹道茂

宮寺光政さん　江戸東京・伝統野菜研究会／野菜生産者（小平市小川町）

依頼を受けて栽培した〈品川カブ〉は、江戸東京野菜の復活栽培第1号となった。その後も、都市農業の特色を活かしながら何種類もの栽培に取り組んでいる

――復活栽培では、ほんとうにお世話になっています

JA東京みらいを退職して、帰農してから1、2年経った頃、大竹さんから〈品川カ

ブ〉（39頁参照）を栽培してほしいと頼まれたのがはじめでした。江戸東京野菜の登録制度がスタートする3年前のことで、このとき、栽培が継続していたのは〈練馬ダイコン〉〈金町コカブ〉〈東京ウド〉などわずか15品目でした。

２００７年だったか、〈品川カブ〉を作ってみると、ふつうのカブと形状が大きく違うだけでなく、揃いが悪くて、ダイコンのように先端が細いものもありました。とにもかくにも初収穫したものを、江戸東京たてもの園で開催されていたイベントに持って行きました。これが、築地の青果卸売会社の人の目に留まり、品川区でのまち興しにつながったのです。畑の〈品川カブ〉は翌年春、花を咲かせてタネを採りました。

次にチャレンジしたのは〈青茎三河島菜〉（69頁参照）です。栽培が途絶えて久しかった三河島菜が、仙台で「仙台芭蕉菜」として栽培が継承されていることを知って、大竹さんがタネを入手してくれたものです。それからというもの、復活栽培に取り組む野菜が毎年のように増えて、現在では〈亀戸ダイコン〉〈馬込半白キュウリ〉〈内藤トウガラシ〉〈寺島ナス〉など十数種類になりました。

――復活栽培には、どんな難しさがありますか

やってみてうまくいかなかったものもあります。〈三河島エダマメ〉のときは、前年に育てた野菜の肥料が残っていたらしく、背丈は伸びても豆は少ししか入っていませんでした。〈内藤カボチャ〉も作りたいんですが、畑の面積をとるので他の野菜を優先さ

せています。

うちの畑は35アールと、それほどの面積がないので、同じ野菜を一度にたくさんは作れません。ですから栽培期間が長い野菜より、比較的短いものを組み合わせて輪作して、35アールの畑を２倍にも３倍にも活かすようにしています。

江戸東京野菜の栽培で難しいのは〝固定種〟というところです。揃いが悪いだけでなく、連作が利かないものが多いので、同じ畑に前年と同じ野菜を植えられない。作付品目を増やしたのは、栽培したことのないものを作りたいだけでなく、畑の有効活用を考えてのことです。

品種改良された交配種に比べて、病気が出やすいことも固定種の特徴です。また、いったん栽培が途絶えた野菜を復活させようにも、肥料の与え方、栽培のコツなどの技術も途絶えているので、失敗することも多くあります。肥料を与えすぎると収穫量が少なくなったり、病気も出やすくなったり。前年の経験を生かして、うまくいかなかったところは工夫しながら改善する。自分で試行錯誤するしかありませんね。

――なぜ、江戸東京野菜を作り続けるのですか

固定種の江戸東京野菜だけでは、生産量がどうしても少ないので、経営の主力はトマトです。レストランで使ってもらうほか、小平市のＪＡ直売所に出荷しています。玉ねぎは栽培期間が長いのですが、地場野菜として市内の学校給食に使ってもらっています。

江戸東京野菜にチャレンジする理由ですか。

野菜で差別化を図りたいということもありますが、不特定多数のお客さんではなく、江戸東京野菜の魅力をわかってくれるお客さんに買ってもらいたい、ということがあります。ぼくの場合、江戸東京野菜を積極的に使ってくれている地元の中華料理店の存在が大きいです。伝統野菜の復活には、まず飲食店の方にアピールして、消費者に江戸東京野菜を味わってもらうことが大切だと思います。

これから伝統野菜を栽培しようとする人には、飲食店などの売り先を開拓してから栽培をはじめること、そして自分の得意な分野の野菜を見つけることをアドバイスしています。

チャレンジする、もうひとつの大きな理由は、先人が培ってきた江戸・東京の「農」と「食」の文化を絶やしたくない、誰かに伝えたい、これにつきますね。

福島秀史さん

NPO法人江戸東京野菜コンシェルジュ協会理事／多摩・八王子江戸東京野菜研究会代表

運転中のラジオで知った江戸東京野菜。江戸東京野菜コンシェルジュの資格を取得するだけでなく、生産者として野菜を出荷するまでになった

――カーラジオで江戸東京野菜の話を聞いたとか

はい。NHKの「ふるさとラジオ」（2013年放送終了）を運転中に聞きました。東京にも伝統野菜があって、都内あちこちで復活栽培されていると大竹さんが語っておられたんです。タネは買うのではなく、それぞれの農家で採種しながら栽培が続けられている。そして味がしっかりしていて、かたちに特徴があり、最近の野菜とは大きく違う、というのが面白そうで。地元の八王子に伝統の野菜があるのか、ということも気になりました。

――そのとき、仕事は？

大学卒業後は、ずっと広告の仕事をしていました。たまたまトマトを栽培したのが楽しくて、家庭菜園に夢中になって、思い切って独立して食と農に特化した広告代理店を立ち上げたころでした。ラジオを聞いて「善は急げ」と大竹さんに連絡をとり、第2期「江戸東京野菜コンシェルジュ育成講座」を受講して、江戸東京野菜コンシェルジュの資格を取りました。2012年、47歳のときです。講座で八王子にもいくつかの野菜が伝わっていることを教えてもらいました。

――どんな伝統野菜に関心を持たれたんですか

まずは、八王子の〈川口エンドウ〉です。市の北部にある川口という地域で、昭和30

年代までは盛んに生産されていたのですが、40年代に入って急に栽培されなくなったそうです。その理由は、収穫作業が短期間に集中することに加え、田植えの時期と重なる、つまり手間がかかることから農家に敬遠されたのです。大竹さんから、〈川口エンドウ〉を毎年栽培してタネを採り続けている農家が1軒だけあるというのを聞いて、その農家、草木弘和さんを訪ねたんです。草木さんは、毎年、家で食べる分を栽培して、余剰がでたら直売所に出荷して、細々と作り続けてきたそうです。

――味はどうですか

通常のキヌサヤより大ぶりで甘みがあって、シャキシャキした食感が特長です。草木さんからタネをいただいて、11月自家菜園にポット植えし、翌年2月に定植、5月上旬には地元伝統の〈川口エンドウ〉が実りました。初夏には、もう欠かせない味です。

――八王子には〈高倉ダイコン〉もありますが

〈高倉ダイコン〉を栽培して、毎年タネを採り続けているのは八王子市石川町の立川太三郎さんただ一人と聞いて、大竹さんといっしょに訪ねました。

明治・大正の頃、八王子には多くの紡績工場があり、〈高倉ダイコン〉は女工さんたちの食事のたくあん用ダイコンとして栽培が盛んになったそうです。現在は、立川さんが毎年4000本の〈高倉ダイコン〉を作付し、たくあん用の干し大根として出荷しています。収穫したダイコンは、15、16本を縄でしばってハウスに吊るし、夜は凍り付かないように毛布で巻くという作業を1週間続けます。この方法を立川さんはかたくなに守っています。
　帰宅して、立川さんと会ったことを妻に話すと、立川家は妻の祖母の実家だというではないですか。これには驚きました。同時に、〈高倉ダイコン〉との不思議な縁を感じ、自家菜園でも栽培をはじめました。

――「多摩・八王子江戸東京野菜研究会」を立ち上げたのは?

　多摩地域で江戸東京野菜の栽培普及や情報交換の活動をしようと思って立ち上げたんです。小学校への栽培普及も活動のひとつです。
〈川口エンドウ〉は地元の生産者に働きかけて、何軒かで栽培が復活し、2014年には江戸東京野菜として登録されました。また、八王子市立みなみ野小学校、川口小学校にも栽培をお願いして、今では毎年12月には栽培に取り組んだ4年生から、翌年栽培する3年生にタネを手渡す「タネのリレー」が行われています。
　みなみ野小学校では、立川さんから分けてもらったタネで〈高倉ダイコン〉の栽培にも取り組んでいるのですが、干し大根が学校の廊下にずらっと吊るされている光景は、なかなか壮観ですよ。

――〈八王子ショウガ〉はどうですか

〈八王子ショウガ〉(129頁参照)は、筋がなくて、やわらかくておいしいですね。生食用の葉ショウガとして、昭和初期に栽培されるようになったものを、近年、復活栽培して、2015年に江戸東京野菜となりました。「多摩・八王子江戸東京野菜研究会」では〈谷中ショウガ〉との食べ比べや試食イベントを開いています。

八王子市小比企《こびき》町の磯沼ミルクファーム、堀之内のジェラート店ダ・ルチアーノとコラボして、〈八王子ショウガ〉のジェラートを開発しました。生産から加工、販売まですべて八王子で完結する6次産業が実現したのです。

今では江戸東京野菜コンシェルジュ協会理事として、協会の活動をお手伝いするようになりました。2017年からは農地を借りて、会社の事業の一環として本格的に野菜栽培に取り組んでいます。収穫した無農薬・無化学肥料の野菜は「オギプロファームの旬の新鮮野菜セット」として販売しています。

ひょんなことから農業に携わることになり、今では江戸東京野菜がもっと広がるにはどうしたらいいかを日々考えています。

第3章　江戸と今をつなぐ

1　きっかけは将軍綱吉──〈練馬ダイコン〉

綱吉がかかった「江戸患い」

一説によると、五代将軍・徳川綱吉は、館林城主・松平右馬頭《うまのかみ》を名乗っていたころに脚気を患った。医者に診せても原因や治療法がわからない。そこで陰陽師に占わせたところ、「江戸城西北の〝馬〟の字がつく地名の場所で養生するように」と告げられた。だが、城の西北、飯田橋や市谷方面には〝馬〟のつくところはない。さらに遠くまで調べると「下練馬」という地名があることがわかり、その草深き里に御殿を建て養生することになったという。

練馬区立北町小学校裏には、区が建てた「徳川綱吉御殿跡之碑」があり、そこには「後に江戸幕府第五代将軍となる徳川綱吉が寛文年間（1661～73）、この地を鷹場とし、宿泊所として「鷹狩御殿」を建てたことに由来する」という記載がある。いずれにせよ、綱吉が練馬の地に縁《ゆかり》のある人物であることがうかがえる。

では、右馬頭はなぜ脚気になってしまったのか。

「徳川綱吉御殿跡之碑」。付近は「御殿」と呼ばれていた

当時、江戸の町には、玄米の精白を生業とする「舂米《つきごめ》屋」なる商売があり、上級武士や商家の富裕層はビタミンB_1を削り取った精白米を食べていた。また、江戸の都市づくりに駆り集められた人々も、過剰な労働でビタミンB_1が不足して脚気になることがあった。野菜不足が、脚気の流行に拍車をかけたのだ。

脚気は足にむくみなどの症状が出はじめ、ついには末梢神経を侵して心不全を発症するという怖い病気だ。ビタミンB_1不足によって起こるのだが、それがわかるのは、ずっと後の1910年（明治43）、鈴木梅太郎博士によってである。江戸のころは原因がわからないまま、多くの人が脚気で亡くなった。将軍家では、十三代の家定、十四代の家茂、その正室の皇女和宮も脚気で亡くなったといわれる。

江戸で脚気になっても田舎に帰れば治り、再び江戸に出てくると罹病することから、脚気は「江戸病」「江戸患い」と呼ばれていた。田舎は野菜豊富で玄米食だったからだ。しかし原因がわからない当時は、脚気対策として蕎麦や麦飯、小豆などいろいろ試したようである。脚気が発症しやすい夏には武家でも麦飯を食べたという話もある。

たくあん漬けに向くダイコン

練馬での療養とはいっても、体調のよいときには村を歩き、百姓の生活を見て、生活が楽になるようにと、尾張からダイコンのタネを取り寄せ、現在の練馬区桜台の地で作らせた。すると土地の地大根と交雑して、立派なダイコンが収穫できるようになった。病が癒えてから、これから立派なダイコンが収穫できたなら献上するようにと村の庄屋大木金兵衛にいい残して江戸屋敷に戻り、その後、第五代征夷大将軍の地位へと登ったという。

江戸城の北、城北地域に位置する現在の練馬区、板橋区、北区は、火山灰土が深く積もった柔らかい土壌のため、〈練馬ダイコン〉をはじめ、〈滝野川大長ニンジン〉〈滝野川ゴボウ〉と長い根菜がよく育った。農民たちは一生懸命栽培に励み、1メートルもの〈練馬ダイコン〉を収穫できるようになった。

現在の品川区北品川に東海寺を開いた沢庵禅師は、自ら考案したダイコンのぬか漬けで、三代将軍家光をもてなしたと伝えられる。干し大根を米ぬかで漬け込んだこの漬け物は「たくあん漬け」と呼ばれるようになり、脚気に効くと江戸市民に評判になった。干し大根がぬかのビタミンB_1を吸収するので、結果として脚気対策になったのである。

「たくあん漬け」が江戸市民の食生活に欠かせないものになったので、太く長い〈練馬ダイコン〉はたくあん漬けに向くと評判になり、練馬の農民たちは江戸市中に向けて販売。練馬はダイコンの一大産地として発展していった。

尾張から練馬、そして全国へ

綱吉によって、尾張から取り寄せられたダイコンのタネは、江戸の気候風土の中で〈練馬ダイコン〉となったが、尾張には1メートルにもなる白首大根はない。江戸で評判の〈練馬ダイコン〉を見た人は、「こんな大きな大根が作れるなら生活は楽になる」とばかり、武士も町人もなく、このタネを江戸土産として国許に持ち帰った。畑にまけば一粒万倍、野菜のタネは最も喜ばれる江戸土産だった。

1735年（享保20）の『羽劦《うしゅう》庄内領産物帳』には、「蘿蔔《だいこん》」として「練りま大こん」

が記され、『両羽博物図譜』には絵まで描かれ、「二尺五六寸（98センチ）」とある。今日の「庄内の干し大根」の形状を見ると、長さが不揃いで曲がっているものもあって、まさに揃いの悪い固定種の〈練馬ダイコン〉に見える。信州の伝統野菜「前坂大根」は〈練馬ダイコン〉を改良したダイコン、神奈川の三浦ダイコンは、〈練馬ダイコン〉と高円坊ダイコンの自然交雑したダイコンだといわれる。また遠く薩摩にも伝えられ、指宿《いぶすき》名物の山川漬けの材料となる伝統野菜「山川ダイコン」も〈練馬ダイコン〉がルーツだという。

〈練馬ダイコン〉のタネ採り

1933年（昭和8）、干ばつによって大発生したバイラス病（ウイルスによる病気）によって、練馬ではダイコンの生産は減り、昭和30年代ごろからキャベツの産地に移っていった（バイラス病対策が30年代初めまで続いた）。

練馬区田柄の橋本又一さん、登さん親子はキャベツを作りながら、橋本家に伝わる〈練馬ダイコン〉のタネを守ってきた。又一さんは「先祖代々守り続けてきたタネを私の代で、なくすわけにはいかない」と、商品にならないダイコンでも、「いつかは立派なダイコンを作れるようになる」と、タネを採り続けてきた。

練馬区では1989年（平成元）、橋本さんのタネを元に、練馬大根育成事業をスタートさせ、30年以上を経て、練馬にダイコン畑を復活させた。その後、育成事業での生産とは別に、2006年（平成18）、橋本さんのタネを伝来種として「練馬大根伝来種保存事業」を独立させた。

練馬区の要請を受けて、渡戸《わたど》章さん（140頁参照）、白石好孝さん、五十嵐透さんが〈練馬ダイコン〉の採種の作業を行っている。

渡戸さんに〈練馬ダイコン〉の採種についてうかがったことがある。

まず、採種用の畑から葉の長さが短いダイコンを選んで抜いていく。葉が大きく伸びたのは採種には使わない。葉が短くて葉先がまるいおかめの顔に似ている葉を「おかめっ葉《ぱ》」といって、この葉の揃ったものがよい大根とされているという。

練馬の育種家・故渡邉正好さんも、「大きな葉は、重くて大根が曲がるから、小さな葉が付いたものを残す」と、同じようなことをいっていて、特に黒葉系がバイラス病にも強いと語っていた。

次に抜いたダイコンの中から、代々伝えられている〈練馬ダイコン〉特有の形（プロポーション）をしているものを選び出す。選んだ中から、ダイコンの下から3分の1あたりをカット。断面に白く綿のような部分があると、それは老朽化した細胞で、〝ス〟が入る兆候だから、断面が均等に瑞々しいものを選ぶ。ダイコンを切ることもコツのひとつだと渡戸さんはいう。

こうして母本《ぼほん》選定を行い、埋め戻しは、何本ものダイコンを畑に寝かせるように埋めて土をかけてやると、葉が伸び、抽薹《ちゅうだい》（花を咲かせる茎が伸びること）して花を咲かせる。

渡戸さんの話を聞いていて、気が付いた。東京都農林総合研究センターに保存されている東京府農事試験場時代の細密画の一枚に、「練馬蘿蔔《だいこん》」があるが、この絵には、葉とダイコンと輪切りと、母本選定する場合のポイントが描かれている。細密画には説明はないが、次代に伝えるための資料として描かれたようだ。

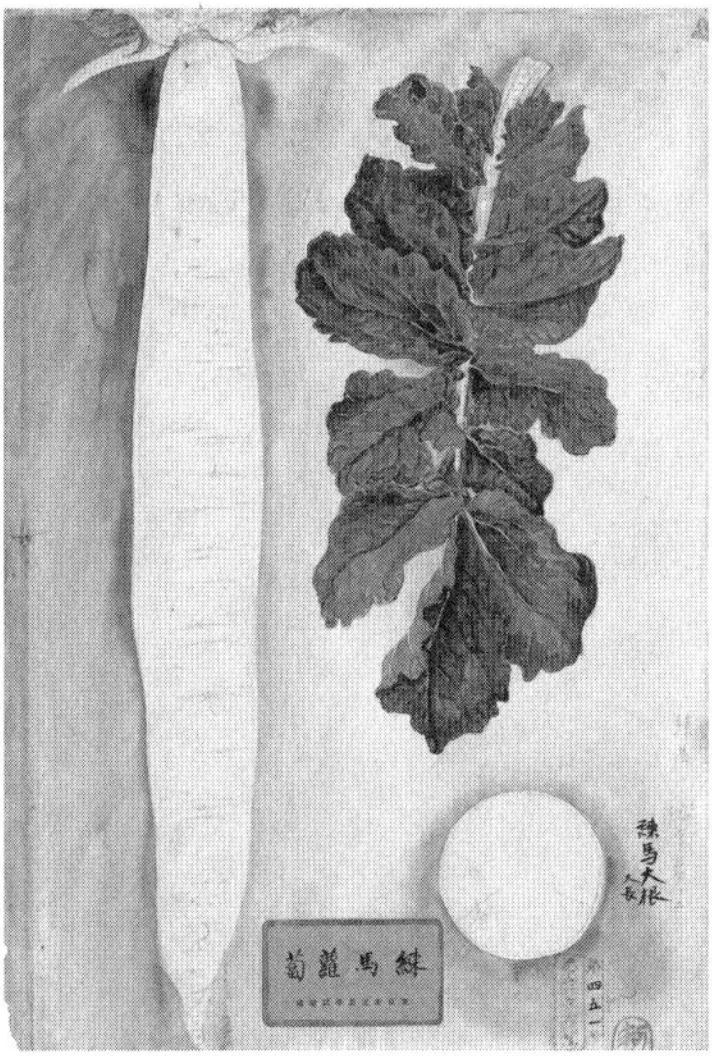

練馬ダイコンの細密画。葉、根身、断面が描かれている（東京都農林総合研究センター所蔵）

学校給食に〈練馬ダイコン〉を

練馬区は1947年（昭和22）に板橋区から分離独立して、23番目の東京都特別区になった。2007年（平成19）の練馬区独立60周年記念行事を行う際に、区からJA東京あおばの渡邉和嘉さん

「練馬大根引っこ抜き競技大会」。江戸東京野菜コンシェルジュの大野憲司さんは第5回大会で2位になった

（当時営農指導課長）に相談があったことから、江戸東京・伝統野菜研究会としても協力させてもらった。

練馬の象徴ともいえる〈練馬ダイコン〉だが、就農者が高齢化して栽培は減少し、およそ72万人の区民に対して1万数千本程度しか栽培されていない。そのため新しい住民の多くが〈練馬ダイコン〉を食べたことがない情況だ。

都市農業を象徴する風物詩を作りたいとの思いを持っていた渡邉さんと、そのころ私は東京都綱引連盟の役員で公認審判員をしていたことから、ダイコンを引抜くことをスポーツにしようと「練馬大根引っこ抜き競技大会」を企画した。そして、抜いたダイコンを給食に出すことで「練馬の食文化を練馬の子どもたちに伝える」ことを考えた。復活栽培を農家にお願いすると、「抜いてくれるのなら」との条件が付くことから、「だったら、区民に抜いてもらおう」と思いついた案だ。この提案に練馬区も快く賛同してくれて、開催の運びとなった。

大会は、「選手権の部」以外に、家族で参加できる「グループの部」もある。毎回、募集が始まると、500名からの定員はすぐに満員になってしまうほどの人気だ。競技ルールは決められた時間内に何本抜けるかを争うもの。2本折ったら失格だ（口絵④）。

大会は午前中で終わるが、抜いた〈練馬ダイコン〉は参加賞の1本を残して、JA東京あおば石神井支店の駐車場に設けられた洗い場にピストン輸送。JAと区の職員がダイコンを洗い、学校別に配送される。

練馬区では毎年12月の第一日曜日が大会で、翌日の月曜日に、区内の小中学校の給食に出る。人気のメニューは「練馬大根スパゲティー」で、〈練馬ダイコン〉おろしとツナを醤油、レモン汁、砂糖で調理し、スパゲティーにかける、というものだ。

この年、渡邉さんが「練馬大根料理大会」「ダイコン見本市」も提案したことで、「練馬大根引っこ抜き競技大会」を含めて、3つのイベントが開催された。

2017年には「ギネス世界記録に挑戦！」として、練馬ダイコンで「同時に大根を引っこ抜いた最多人数」492名のギネス世界記録を達成し、主催者のJA東京あおばと練馬区がレコードホルダーとなった。

2　吉宗が名づけた「小松菜」――〈ごせき晩生小松菜〉

江戸東京野菜の伝統小松菜は2種類ある。世田谷生まれの〈城南小松菜〉（57頁参照）と、江戸川生まれの〈ごせき晩生《ばんせい》小松菜〉である。どちらも「伝統小松菜」として登録されている。一年中店頭に並び、身近な緑黄色野菜として、いろいろな料理に使われる小松菜と「伝統小松菜」は、どこが違うのか。それを解くカギは江戸時代にある。

吉宗が命名した野菜

紀州藩主の徳川吉宗は、1716年（享保元）に八代将軍の座に就くと、幕府立て直しのための享保の改革を行うかたわら、冬には隅田川や江戸川のあたりに鷹狩に出かけていた。JA東京グループが新小岩香取神社（江戸川区中央）に立てた「江戸・東京の農業説明板」には、次のようにある。

享保4年（1719）、八代将軍吉宗が鷹狩をするときの食事をする場所として、当道灌島香取神社が選ばれ、時の神主亀井和泉守永範がそのお役を受けました。しかし、これといって差し上げるものもなかったので、餅のすまし汁に青菜を少々、彩りとしてあしらって差し出すと、吉宗は大変喜ばれ、この菜をこの地にちなんで「小松菜」と命名されたと伝えられています。それ以来、当社の祭事には必ず小松菜を神前に供えて氏子永代の繁栄を祈願しています。

文化元年（１８０４）の「成形図説」には、「小松川地方で産する菜は、茎円くしてすこし青く味旨し」とあり、文政11年（１８２８）の「新編武蔵風土記稿」には、「菘《ナ》　東葛西領小松川辺の産を佳品とす。世に小松菘《ナ》と称せり」と記されています。

味のよい優れた菜類として江戸の人々に喜ばれた小松菜は江戸川区の特産野菜となりました。

境内には説明板のほか「小松菜産土神」の碑とともに、「小松菜ゆかりの里」の碑も建てられている。

〝伝統〟と呼ぶ理由

江戸時代、小松菜は冬の野菜だった。寒さの中、笹の枝で囲って霜よけをして栽培すると甘みが増す、正月の雑煮には欠かせない野菜だった。

伝統野菜は揃いが悪く、大きなものを選んで収穫するので、F_1種のように端から収穫できない。清水理作さんのハウスで

冬場限定で採れる固定種の小松菜は、昭和40年代初めまでは江戸川区を主産地として、近県の埼玉・千葉でも栽培されていた。しかし近年、高度な育種技術で交配種（F_1）のタネが流通しはじめ、北海道から沖縄まで一年中栽培されるようになっている。

固定種の小松菜は、冬季限定で周年栽培は難しい。生育過程で、真ん中から新葉が出てくると外側の葉が広がるので、株間を広くとらないと風通しが悪く病気になりやすい。また、収穫するときは、ていねいに束ねなければ葉が折れてしまう。生育の揃いが悪いので端から一斉に出荷できない、日持ちが悪い――といった条件のある野菜だった。

それに比べ交配種（1代雑種、F_1）は、葉が立つように中国野菜のチンゲンサイと掛け合わせて作られている。これにより株間は狭くてすみ、単位面積当たりの収穫量が増え、揃いもよく、販売時の日持ちもよくなった。さらに、耐病性品種も生まれた。また葉の色を濃くした生食用の「サラダ小松菜」は、中国のタアサイと交配して生まれたものだ。

こうした交配種のほうが、昔から栽培されてきた固定種よりも、規格に合った揃いのよい野菜を出荷できることから、伝統野菜を栽培する生産者が激減した。

江戸東京野菜推進委員会では、市場を混乱させないために、昔の名前（通称）で流通している交配種と区別して、固定種の伝統野菜には「伝統」を付けて「伝統小松菜」と呼ぶことにしたのである。

固定種の小松菜を作る人々

立川市に行ったとき、農産物直売所「みのーれ立川」に寄ってみたら、「伝統小松菜」が並んでいた。しっかりとした伝統小松菜だったので一袋買い求めてみると、生産者は立川市在住の清水理作さんだった。清水さんは一級品の〈亀戸ダイコン〉を作る方でもある。電話をしてみたところ、〈ごせき晩生小松菜〉と〈城南小松菜〉を2種、計3種類を栽培しているというので、さっそくうかがってみた。

江戸東京野菜として登録されているのは〈ごせき晩生小松菜〉と〈城南小松菜〉の2種

左から、ごせき晩生小松菜、城南小松菜の「大平系」「渡辺系」　口絵⑩参照

類だが、大平農園の流れを汲む〈城南小松菜〉（「大平系」〈58頁参照〉）のほかに、もうひとつ「渡辺系」があることは、このとき初めて知った。清水さんは、この「渡辺系」を普及センターの先生からいただいたのだという。さっそく写真を撮らせていただいた（口絵⑩）。

ごせき晩生種は「大平系」に比べると色が濃く、葉は袴《はかま》がある。「大平系」は世田谷区等々力《とどろき》の大平家に伝わっていたもので緑の色が薄い。「渡辺系」は生育が遅れているように見えたが、柔らかそうだった。

〈ごせき晩生小松菜〉の「ごせき・晩生」は、小松菜発祥の地である江戸川区の種苗会社、後関種苗でタネとして固定されたことに由来する。後関種苗が、ゆっくり生育する〝晩生〟小松菜の一系統から集団淘汰を続けて固定させ、１９６３年（昭和38）に「後関晩生小松菜」と名づけて販売をはじめたものだ。

2011年9月、〈ごせき晩生小松菜〉は、初年度に登録された22品目のひとつとなっている。以来、地元江戸川区をはじめ、都内各地で吉宗由来の小松菜が作られている。

3　2つのショウガの産地――〈谷中ショウガ〉〈八王子ショウガ〉

檀家回りの手土産は〈谷中ショウガ〉

江戸のショウガといえば〈谷中《やなか》ショウガ〉だ。今でも居酒屋などでショウガを「谷中」の符丁で注文すれば、葉ショウガに味噌が付いて出てくる。濃い緑色の葉と、根もとの赤みが清々《すがすが》しい〈谷中ショウガ〉は、江戸の昔から食欲の落ちる夏場に喜ばれていた。〈谷中ショウガ〉の葉ショウガは、筋もなく、辛味が薄くて味がよい。谷中（現在の台東区）の名がついているが、栽培されていたのは、現在の山手線日暮里駅の外側にあたる谷《や》中本村《なかほん》（現在の荒川区西日暮里1・2丁目）周辺である。かつて上野から谷中に続く山の裾野は水田地帯で、山から湧き出る水が流れこみ、その脇の水はけのよい畑でショウガが作られていた。

〈谷中から湧き出る水に恵まれ、排水もよく、しかも西日に当たらない土地だったことで、ショウガ栽培に向いていたのだ。

収穫時期がお盆と重なることから、徳川家光開基の東叡山寛永寺のほか、谷中の寺のお坊さんたちが檀家回りの手土産に持って行ったところ、筋っぽくなく、辛味が少ないことから評判になり、「谷中ショウガ」「盆ショウガ」と呼ばれるようになった。そして江戸っ子に好まれ、夏の盛りの食欲増進になると、食卓に上がるようになっていった。

余談だが、ミョウガ（茗荷）とショウガ（生姜）は、葉を見ただけでは見分けがつかないほど似ている。これはどちらもショウガ科ショウガ属だからだ。香りの強いショウガを兄香《セノカ》といい、男香・夫香とも書く、また、香りの弱いミョウガを妹香《メイガ》といって、女香、妻香とも書く。「セノカ」から「ショウガ」、「メイガ」から「ミョウガ」に転じたものといわれている。

新産地は東京西部

江戸東京野菜として登録されるには、2名以上の生産者がいることが条件だ。〈谷中ショウガ〉の生産者は、国分寺市の農家・小坂良夫さん一人だったことから登録が遅れていた。

東京西部のＪＡ東京みどりでは、江戸東京野菜の品数を増やす取り組みを行っており、２軒の農家に〈谷中ショウガ〉の栽培を依頼。その後、20人の生産者が手掛けるようになり、２０１４年に江戸東京野菜として登録された。

30年にわたって〈谷中ショウガ〉の栽培を続けている国分寺の小坂さんは、収穫したショウガを生産量全国一の高知県の加工場に送り、小坂農園ロゴ入りの「江戸東京野菜 谷中生姜使用 ジンジャーシロップ」として商品化している。立川市の農産物直売所「みのーれ立川」の新商品として店頭にも並んでいる。

生姜祭りから生まれた〈八王子ショウガ〉

２０１３年８月、「とうきょう元気農場生産組合」の暑気払いの席で、隣に座った八王子市小比企《こびき》町の中西真一さんから、「うちのおやじがＮＨＫの「キッチンが走る」に出て、在来のショウガを紹介しましたよ」という話をうかがった。〈八王子ショウガ〉のことだ。

八王子市では、すでに〈高倉ダイコン〉〈川口エンドウ〉が江戸東京野菜として登録されていたが、〈八王子ショウガ〉はまだ登録されていなかった。このとき中西さんたち生産者はすでに登録を考えていたらしい。翌年の春にお会いした際には、「今度、生産者グループを作りますからよろしく……」とのこと。機が熟してきたようだ。

二宮神社（あきる野市）の生姜祭りには、ショウガの屋台がたくさん出る

そして２０１５年８月、江戸東京野菜の普及に努めている福島秀史さんから、八王子ショウガ生産者の集まりに「一緒に行きませんか」と誘われた。

場所は、東京にただひとつ、八王子市にだけある道の駅「八王子滝山」の会議室。ここで江戸東京野菜について改めて話をし、すでに積極的に料理を提供している店を紹介、さらに「生姜祭り」前後に試食会を計画していることを報告した。

「生姜祭り」とは、毎年９月に八王子市の永福稲荷神社で行われる例祭のことで、この稲荷神社と、あきる野市の二宮神社の「生姜祭り」に中西真一さんは〈八王子ショウガ〉を出荷している。

「八王子ショウガ」は、筋っぽくなくて、辛味が少なく、むしろ甘みを感じるのが特徴だ。ショウガの色が淡い黄色で、根本のピンク色とのバランスが美しい（口絵⑫）。

栽培は昭和初期、八王子市加住《かすみ》町在住の生産者・村内米吉さんのお祖父さん、和助さんの代までさかのぼる。そもそもは、近所で桶屋を営んでいた森田弁吉さんが、二宮神社の生姜祭りで梨を売っていたときに、隣でショウガを販売していた埼玉の人から、「このショウガは柔らかいから」と分けてもらったことに始まるという。

森田さんはこのショウガを和助さんに届けた。農業に熱心な和助さんは、当時、田んぼと養蚕の桑畑で1町ほど作っていたが、もらった葉ショウガを養生して種ショウガを作った。寒さに弱いショウガを保存するため、裏山に横穴を掘って、15℃以下に下がらないよう、種ショウガを保存するなど、様々な工夫と苦労があったという。今も、村内さんは種ショウガを保存するために、ハウス内や南面傾斜地に約1メートルの穴を掘り貯蔵している。

現在は八王子市内の加住町、小比企町、中野町、川口町、石川町などで生産され、JA直売所や道の駅「八王子滝山」、農産物直売所「ねぎぼうず」、各スーパー、飲食店などに出荷されている。

〈八王子ショウガ〉がおいしいという話は年とともに広まり、八王子市では生産者が11名にまで増え、みなさん精力的に栽培を行っている。そして2015年9月、〈八王子ショウガ〉は、推進委員会で江戸東京野菜に登録された。

4　江戸前の握りには欠かせない――〈奥多摩ワサビ〉

「山葵、この地の名産なり」

ワサビは握り寿司の名脇役だ。生ワサビを使う店は魚のイキもよい。また、ワサビは蕎麦にもなくてはならない。ひと手間かけてすりおろした生ワサビが、蕎麦の風味をいっそう引き立ててくれる。国産ワサビの産地としては伊豆が知られているが、東京・奥多摩も昔からのワサビの産地だ（口絵㉓㉔㉕）。

JR山手線に乗って一回りするとビルばかりが目につくので、「東京には山里や畑はない」と思いこんでいる人は結構多い。だが、東西に長い東京都の地形はとても変化に富んでいる。西には2000メートル級の奥多摩の山々が連なり、埼玉と山梨、東京にまたがって標高2017メートルの雲取山がそびえる。その奥多摩の山懐では、渓流の清らかな水と冷涼な気候を生かして、〈奥多摩ワサビ〉が栽培されている。その栽培の歴史は、江戸時代にさかのぼる。

当初は奥多摩に自生する野生の苗を採取し、沢に造られたワサビ田で栽培が始まった。収穫したワサビは筏に載せて川筋を伝い、多摩川を下って、多摩川河口の六郷から神田市場に運ばれてセリにかけられた。

江戸時代末期の文政6年（1823）に出された地誌『武蔵名勝図会』によると、海沢《うなざわ》村（現在の奥多摩町海沢）の産物として、「山葵《ワサビ》」が詳細に紹介されている。

「【山葵】この地の名産なり、多く作って江戸神田へ出す」としたうえで、栽培については「村内に澗水の流れ多く、また柿平川という谷川もあれば、清水の流れは常に絶えず、土気少しもなきように、小砂利の間に挿み置きて、上の方より清水を不断に流して、又、多からず少なからぬように灌ぎぬれば、分根して、その葉は少く、その味はいと辛し」。さらに「当村は山葵を作り出して、値百金余に至れる由」とあり、数少ない換金作物であったことがうかがわれる。また、「これより西に至る村々にても作れども、この地は殊に多し」と奥多摩の各地で栽培されていたことがわかる。

江戸前寿司になくてはならない

筏で多摩川を下り、神田市場に出荷されたワサビは、江戸前の寿司になくてはならない香辛料となった。江戸前の握り寿司は文政年間（1818〜30）に江戸両国の与兵衛ずしで考案されたといわれているから、すなわち、生の魚介類を使った握り寿司が考案された時期と、奥多摩産のワサビが盛んに出荷されはじめた時期が重なるのである。

明治時代中期になると、地元の仲買人によって神田市場に出荷されるようになり、産地「奥多摩」の名は定着していく。1910年（明治43）8月に襲った台風に伴う洪水で、ワサビ田は崩壊・流失する壊滅的な打撃を受け、廃業する者も相次いだ。だが、全国的な被害で価格が高騰したことから、再び生産しようという意欲が生産者の間に湧き起こり、栽培面積は10・5ヘクタールまで回復。1971年（昭和46）になると栽培面積が20ヘクタールにまで広がった。

その後、外国産の安いワサビが輸入されたことで、品質のよい〈奥多摩ワサビ〉は苦戦を強いられたが、2011年の江戸東京野菜のブランド化にともない、〈奥多摩ワサビ〉が江戸東京野菜として位置づけられてから、築地市場（豊洲市場）で評価が上がっている。

奥多摩の千島わさび園

奥多摩町丹三郎《たんざぶろう》の千島わさび園代表の千島国光さんは、奥多摩で五代続くワサビ農家だ。何か所ものワサビ田をもち、昔から築地に、現在は豊洲に出荷している。

ワサビ田のひとつは、川苔《かわのり》山の斜面にある。川苔山登山道から林道に入り、千島さんが設置しているモノレールに乗って、海抜１０５０メートル地点にある桂沢のワサビ田に向かう。１本の細いレールに乗って、眼下に渓流が流れるアップダウンの激しいルートを進んで、ワサビ田に到着。周りにはシカやクマからワサビを守るための網が張りめぐらしてある。

奥多摩ワサビを引き抜いた料理研究家・林幸子さん

　ワサビ栽培にはいくつかの方法がある。長野県安曇野にあるわさび園では、蓼川《たで》に畝を作りワサビを畝の上に植えて畝と畝の間に水を流す方式。伊豆の狩《か》野《の》川では伏流水を利用したワサビ栽培を行っている。これに対して千島さんが指導している「奥多摩式栽培法」は、ワサビの根を冬の寒さや夏の暑さから守るために、畝と畝の間にワサビを植え、常時均等に沢の水を浴びるように田が作ってある。70〜80センチの深さがあるワサビ田には塩ビ管の暗渠が埋設され、水がワサビ田の上だけでなく、中も流れるために、ワサビ田内の温度も安定して根がしっかりと生育するのだという。

また、ワサビというと、硬くて粘りがあって香りがいい「真妻種《まづま》」が人気種だが、千島わさび園では板垣音三が作出した「板音種《いたおと》」を使っている。千島さんは毎年、全国ワサビ品評会におもむいて、よい株を買ってきて生長点培養で苗を作っている。

江戸東京野菜推進委員会では固定種にこだわるだけでなく、「在来の栽培法等に由来する」ものも認めている。奥多摩の環境を保全してきたワサビ田を今後とも残し、発展させていくためにも、ワサビ栽培は重要だ。生産者を中心とする「奥多摩わさび組合」では、後継者育成のために「奥多摩わさび塾」などの取り組みを行い、千島さんはここで後進の指導にあたっている。

千島さんは「ワサビは醤油に溶かしてしまうと風味や辛味が薄れてしまうので、奥多摩ワサビは蕎麦や寿司に直接載せて、まずはその風味を味わってほしい」という。

5　村人を飢えから救う――〈のらぼう菜〉

子生神社の「のらぼうまつり」。春の味を多くの人が求める

毎年春には「のらぼうまつり」

あきる野市五日市《いつかいち》周辺で昔から栽培されてきた〈のらぼう菜〉は、株元から次々に生じる花茎を摘み採って食べる、アブラナ科の野菜である。癖のない味で、寒さを耐えた菜は甘みが一層増して、炒めても茹でてもおいしく、地元では春を告げる野菜となっている。

〈のらぼう菜〉の収穫の最盛期にあたる3月下旬の日曜日（生育状況により日程は前後する）に、毎年開催されているのが「のらぼうまつり」である。2019年春で、12回目を迎えた。

祭りの日、あきる野市小中野《こなかの》の子生《こやす》神社の境内に、地元、小中野囃子保存会が演奏するお囃子が流れ、たくさんの幟が立つなか、〈のらぼう菜〉の味噌汁が振舞われる。冬を越した〈のらぼう菜〉には甘みがあって、おいしい（口絵⑮）。先着50名には〈のらぼう菜〉の配布もある。

「のらぼうまつり」は山間の素朴な村祭りだが、この素朴さがいいのだろう。遠くからやってくる観光客が年々増えており、〈のらぼう菜〉は知る人ぞ知る人気野菜となっている。

油よりも食用に

杉木立に囲まれた境内の一角には「野良坊菜之碑」が立つ。碑文には、1767年（明和4）、幕府の代官だった伊奈備前守が地元の名主に命じて、近郷12村に〈のらぼう菜〉のタネを配布して作らせ、天明・天保の飢饉（1782・1833年）のときは、〈のらぼう菜〉を食べて命を永らえたと記されている。

地元の「JAあきがわ」には、もう少し詳細な古文書が残されており、ここには、〈のらぼう菜〉の原種はオランダの交易船がジャワから持ち込んだ西洋アブラ菜の一種「闍婆《じゃば》菜《な》」という説が記されている。また、明和4年に伊奈備前守が、地元名主の代表として小中野四郎衛門と網代五兵衛に命じて、武蔵国の中山間地域（入間、五日市、川崎など）の農家経済安定のため、菜種油が採れる〈のらぼう菜〉のタネを配布した。この〈のらぼう菜〉が普及したおかげで、天明・天保の飢饉のとき、この地方の住民は救われたともある。

現在は、〈のらぼう菜〉を作り続けてきた生産者40軒で組織する「のらぼう菜部会」（JAあきがわ）があり、ここで〈のらぼう菜〉はあきる野市五日市特産の江戸東京野菜として、他のアブラナ科野菜と交雑しないよう、タネの生産管理が行われている。このようにタネは守り続けられているのだ。ちなみに、JAあきがわの代表理事組合長を務める坂本勇さんは、名主・小中野四郎衛門の末裔である。

広がる栽培

五日市の特産品なので、〈のらぼう菜〉は基本的にこの地域で栽培されるのだが、農業後継者との交流によって、他の地域での栽培も行われるようになってきた。代表的なのが、三鷹市北野の約1ヘクタールの農地で野菜の生産をしている冨澤剛さんだ。

第1期の江戸東京野菜コンシェルジュでもある冨澤さんは、〈のらぼう菜〉などの江戸東京野菜を、多くの人に知ってもらい、食べてもらうために、近隣の仲間と三鷹江戸東京野菜研究会を結成して活動を続けている。

冨澤さんは、五日市の農家から苗を分けてもらい、指導を受けながら生産に成功した。収穫された〈のらぼう菜〉は、おもにJA東京むさしの直売所と学校給食用に出荷されている。また、毎年3月には、JA東京むさしの直売所で「のらぼう市」を開いている。東京以外では、埼玉県飯能市、比企郡小川町、神奈川県川崎市菅地区が、〈のらぼう菜〉の競合産地となっている。

江戸東京野菜の魅力を語る｜3

聞き手・大竹道茂

渡戸章さん　野菜生産者（練馬区平和台）

江戸時代からの大産地・練馬区で〈練馬ダイコン〉を生産する、昭和9年生まれ、現役の85歳。若い人には、理論だけではなく、実践し経験を積むことの大切さを説く。

――古くから〈練馬ダイコン〉を作られていますね

渡戸家では江戸時代から〈練馬ダイコン〉（113頁参照）を作っています。私で六代目ですが、今でも初代「綱五郎」の焼き印のある鎌の柄などが残っていますよ。
親父の代では、当時「玉菜《たまな》」と呼んでいたキャベツやトマトなども作って、神田や千住の市場に出荷していました。はじめの頃は牛車に荷物を積んで、前夜に出発して出荷していましたが、昭和８年（１９３３）頃に、牛を売って、周囲に先がけてオート三輪を購入したそうです。早朝に出ればいいので、作業効率がずいぶん上がったと聞かされました。

〈練馬ダイコン〉にバイラス病という土の伝染病が発生したのは、ちょうどその頃のことです。葉がちぢれ、根が太らず、全滅に近いほどの被害にあいました。その後もバイラス病の影響は続き、ダイコンの栽培を断念する農家もでました。練馬の農家では、江戸時代から、収穫したダイコンをたくあんに加工して出荷し、冬場の資金にしていました。しかし材料が確保できなくては、たくあんは作れない。うちも大ピンチになりました。

畑に日陰を作るとバイラス病がでにくい、などという話を聞いて、ダイコンの畝と１本おきに麦や陸稲などを植えたこともあったそうです。いろいろ試すうち、〈練馬ダイコン〉とミツバを交互に植えると、いくらか効果があることがわかりました。私が25、26歳の頃は、冬にミツバの根を掘り起こして促成栽培した〈白ミツバ〉が高値で売れたこともありました。

バイラス病対策の試行錯誤の末、練馬では〈練馬ダイコン〉とキャベツを交互に栽培するようになり、今ではキャベツの生産量は、都内で一番となっています。

――次世代に伝えたいことはありますか

バイラス病が猛威をふるっている間は、〈練馬ダイコン〉は思うようにはできませんでしたが、うちでは毎年栽培して、タネ採りを続けていました。タネ屋で購入するタネよりも直採りするタネが強いからです。

　昭和50年代、たくあん用の練馬ダイコン改良種のF_1が発売されます。「これでは昔ながらの〈練馬ダイコン〉がなくなってしまう」と、何軒かの農家が集まって共同で採種するようになりました。大竹さんと知り合ったのは、ちょうどこの頃です。

　タネ採りには、母本《ぼほん》となるダイコンの選定からはじめます。それにはまず、採種に適したダイコンかどうか切ってみて確かめる。なぜ切るかというと、たとえば〝ス〟が入っているダイコンだと、次世代でも〝ス〟が入る可能性があるからです。ダイコンの根の中身、根のかたち、葉のかたちを見て確かめたい。ところが今どきの後継者は、なぜ切るのかわからないという。若い人は、理屈はわかっていても「先人の経験の積み重ね」という基礎的なことが理解できていないのです。

　昔はキャベツのタネもタネ屋から買うのではなく、自分で採種しました。いいキャベツを作る農家があると、収穫後のキャベツの根をもらってきて、もう一度植え、小さい芽が出たら花が咲くまで育ててタネを採った。

練馬にも何軒もタネ屋がありましたが、沢庵大根（練馬ダイコン）のタネが不足したときなどは、農家同士お互いに融通しあってました。よくできた農家のタネはタネ屋が買いに来たもんです。うちはあまり買いませんでしたが、播いたときに足らなくて、すぐに買いに行ったことはありましたね。ナスにしろ、キュウリにしろ、1950年代までは採種用にわずかを買うぐらいだったので、F_1種みたいに栽培する分をぜんぶ買うことになったときは、タネは高いものだと思ったものです。

ほしひかるさん

NPO法人江戸ソバリエ協会理事長

蕎麦の歴史研究と蕎麦打ちの実践を通じて、江戸の食文化に迫る「江戸ソバリエ協会」。江戸東京野菜とも、浅くないつながりがある

——江戸っ子が食べた蕎麦は、どんなものだったのですか

蕎麦は、すし、てんぷらと並ぶ江戸の代表的な料理です。その打ち方は、江戸時代中期には完成していました。こねた蕎麦を丸く広げたまま切ったのでは長さがそろわない

ので、四角く広げてたたみ、1本の長さが8寸（24センチ）になるよう、細く切るようになりました。8寸というのは、座って食べるのにちょうどいい長さなのです。

蕎麦つゆは、鰹節、濃口醬油、砂糖または味醂で作るようになりました。関西と違って関東の水はやや硬めなので、濃口醬油と鰹節との相性がよいのです。この組み合わせは、てんつゆや鰻だれにも応用されるようになり、やがて和食の味付の基本になっていきます。

濃い色のつゆには、白磁の蕎麦猪口がよく合い、蕎麦をつまみやすいように、箸先も細くなっていきました。こうして上品で、粋で、のどごしがよく、コシのある蕎麦になり、江戸っ子に喜ばれる外食メニューになりました。

――蕎麦といえば薬味ですが

蕎麦は中国から僧侶によってもたらされた食べ物です。室町時代から江戸時代初期頃まではお寺の料理として、陳皮《ちんぴ》、梅干し、海苔、胡麻など、何種類もの薬味を入れて、味噌に水を加えて煮つめた「たれ味噌」で食べていました。

ところが江戸の蕎麦が完成し、鰹節と濃口醬油のつゆで食べるようになると、ネギ、ダイコン、ワサビなどが薬味として注目されるようになりました。時を同じくして、〈千住ネギ〉〈練馬ダイコン〉〈奥多摩ワサビ〉などが江戸市中に流通するようになります。蕎麦と並んで江戸の料理の代表の、すし、てんぷらは江戸前の魚を使う料理で（当時、野菜のてんぷらは「精進揚《しょうじんあげ》」といった）、蕎麦だけが江戸の地場野菜を使っていたわけです。

江戸生まれの蕎麦はその後、各地に広がって、けんちん蕎麦やニシン蕎麦などの郷土蕎麦が生まれ、全国的な食べ物となるにつれて、江戸との関係が薄れていきます。現代では江戸・東京の野菜と蕎麦とのつながりが見えにくくなってしまいました。そこでもう一度、江戸の蕎麦とその発祥の地の野菜に着目しようと考え、「食」情報の発信サイト「フードボイス」を通して知り合った大竹さんに相談したのです。

――江戸ソバリエ協会ではどんなことをしているのですか

江戸ソバリエ協会では、毎年1回「江戸ソバリエ認定講座（基礎コース）」を開いています。２０１８年（平成30）で15回を数え、受講者は１８００人以上になります。リタイア後に蕎麦打ちにチャレンジしたい人、蕎麦の歴史に興味のある人、蕎麦の食べ歩きが趣味の人、さまざまな方が参加されます。女性の参加も多く、女性4対男性6ぐらいの割合でしょうか。女性はとくに好奇心が旺盛で、技術面だけでなく料理全般に関心をもって受講する人が多いように感じます。

認定講座は、蕎麦のうんちくを学ぶ「耳学」、蕎麦打ち体験の「手学」、蕎麦の食べ歩きの「舌学」、講座で学んだことをレポートにまとめる「脳学」の4部門から成っています。講師陣としては老舗の蕎麦店店主、食文化研究者、蕎麦粉や調味料の製造業者などの専門家を迎えています。2013年からは「耳学」の講師として大竹さんをお呼びして、「江戸の薬味」と題する講座で、江戸の蕎麦と江戸東京野菜との深い関わりについて話していただいていますよね。

耳学、手学を受講し、舌学ノート、脳学レポートを提出した受講生は、江戸蕎麦の通人として、「江戸ソバリエ認定証」が発行されます。講座で知り合った方々は、蕎麦打ちの会や、江戸蕎麦研究会などを立ち上げて、それぞれ研鑽を深めていらっしゃいます。

江戸の蕎麦には、江戸東京野菜を使った料理が合うはずですから、江戸ソバリエ協会としては、これからもっと江戸東京野菜を取り上げていきたいと考えています。東京の蕎麦屋さんは江戸東京野菜を使った料理をもっと出してほしいですね。

――まったく同感です

第4章　大都会で生まれた野菜

1　全国の生産をリードする――〈東京ウド〉

白くやわらかく育てる

まっ白い茎をサッと湯がいて、酢味噌で食べるウドはうまくて、わが家では正月料理の一品に欠かせない。秋に咲く花をてんぷらにしてもオツな味だ。珍味といっていいくらいだ。一度にたくさん食べるものではないが、朝鮮人参と同じウコギ科の植物と聞くと〝珍味〟らしさにも納得がいく。江戸東京野菜のブランド〈東京ウド〉は独特の穴蔵栽培法で育てられている。

ウドはミツバ、ワサビなどとともに、数少ない日本原産の野菜だ。平城宮跡の近くから出土した木簡に記述があることからも、古くから利用されていたことがわかる。初めは野生のものを採取して食べていたが、畑に根株を植えて栽培するようになり、やがて「軟化栽培」の方法が広まった。

「軟化栽培」とは、茎や葉に土や覆いをかけて日光をさえぎり、軟らかく育てる栽培法で、ウドやホワイトアスパラガスなどに用いられる。江戸でのウドの軟化栽培は天保年間(1830〜44)以降に広まったと伝えられる。

豊多摩郡でウド(独活・土当帰)が栽培されるようになったのは、文化年間(1804〜18)の頃という。

当時は、山採りした根株の上に、落ち葉や土などを積み上げる盛土軟化法で軟化ウドを作っていて、春先に盛り土の中から出てきた細いウドを、神田多町の野菜問屋に出荷していた。1824年(文政7)、武州上井草村(現在の杉並区西荻西)の古谷岩右衛門は、尾張ではウドを市場に早出ししていることを知り、尾張まで出掛けて軟化栽培の方法を学んできた。

戦前の井口家での岡伏せ栽培のようす　写真提供：井口良男氏

岩右衛門は、故郷に帰って近隣に広め、「井荻ウド」と呼ばれる特産品になった。また、天保年間には武州吉祥寺村（現在の武蔵野市）で荒井萬助が栽培して「吉祥寺ウド」として知られるようになったとある（『東京うど物語』東京うど生産組合連合会編）。青梅街道に面する上井草村、五日市街道に面する吉祥寺村とも、明治になるまで野菜や薪の供給地として知られており、軟化栽培により早春に早出し出荷される、まっ白くて、やわらかいウドが人気を博したことはいうまでもない。

岩右衛門が学んできた軟化栽培法は「岡伏せ法」だ。晩秋にウドの根株を掘り取り、早春になると土を削って作った溝にその根株を植え込む。植え込んだ根株を落ち葉や土で覆

半地下式の軟化室で栽培する井口良男さん

って成長を促進させるとともに、日光を遮って軟化させる、というものだ（口絵⑲）。

武蔵野市や隣接する練馬区はウドの産地として歴史が古く、1960年代初めまでは100軒ものウド生産農家があったが、現在では数軒になってしまった。なかでも練馬区立野町の井口良男さんは、江戸の頃から伝わる技法を継承しながら、東京23区内で唯一、例年ウド生産を12月から4月末まで行っている。

井口さんのお宅では、後述する、関東ローム層の粘土層を活用した「穴蔵軟化法」（ウド穴8坪）で栽培するだけでなく、ハウス内に作った半地下式の軟化ムロ（8坪）でも栽培し出荷している。

〈東京ウド〉の独特な栽培法

軟化栽培法が導入された後も、栽培法の研究や品種改良は続けられ、北多摩一帯はウドの大産地となった。ところが昭和になり、長引く戦争による食糧難で食糧増産が最重要課題となってから、〝ぜいたく品〟のウドの生産は激減する。

近隣の多くの農家がウド栽培をやめる中で、武蔵野市の高橋米太郎だけは戦勝を信じ、戦勝祝賀会の折に高値で売れることを見込んで、戦時中もウドの栽培を継続した。とはいっても従来のように、溝を削った畑に植え込む軟化栽培法は人目につくのでやりにくい。そこで、屋敷内にある穴蔵に根株を植え込む軟化栽培法（穴蔵軟化法）を考え出した。関東ローム層の土壌は粘着性が高いため、地中深く縦穴を掘っても崩れる心配はなく、北多摩一帯ではサツマイモや桑の葉の貯蔵庫として昔から利用されていたのだ。

米太郎が考案した地下の穴蔵で軟化する栽培法は、その後のウド栽培を大きく方向づけることになる。戦後になりウド栽培が復活すると、近辺の農家でも穴蔵で軟化栽培するようになったのだ。やがて小平や立川へと産地が広がり、〈東京ウド〉のブランドで取り引きされるようになった。

〈東京ウド〉の栽培は大きく分けて3つの段階がある。

①　春に芽株を畑に植え込み、夏に地上部を大きく成長させ、根株を太らせる
②　晩秋、霜が降りる頃に地上部は枯れ、根株は翌年の芽をたくさん付けて休眠する
③　休眠中の根株を掘り上げ、地下3・5〜4メートルに掘られたウド穴に植え込む。火を焚きウド穴内を熱くすると、休眠打破で目覚め、真っ暗闇で発芽する。常時15℃前後で、湿度が保つと30〜40日弱で真っ白な肌のウドが生まれる

江戸東京野菜が紹介されるテレビ番組で、真っ暗闇のなかに真っ白なウドが林立する幻想的な光景が映し出されると、ウド穴に直接タネを播いて育てていると誤解されがちだが、まっ白いウドを育てるには、いくつもの生育段階を経ているのだ。

「リレー栽培」で真冬に出荷

先の3つの段階のなかでも、根株をウド穴に植え込む作業は、出荷の時期に大きく関わってくる。暮れから正月の値のよい時季に出荷するには、早めに霜にあてて休眠させるのが栽培のコツだ。そのため、東京のウド生産農家は、霜の降りるのが早い群馬などの高冷地にウドの根株を運び、一定期間栽培を委託するリレー栽培を行っている。

ウドのリレー栽培は、穴蔵軟化法を開発した高橋米太郎の親戚筋にあたる、武蔵野市の高橋遼吉によって、１９５１年（昭和26）に編み出された。遼吉は、東京より気温の低い高冷地に持ち込んで早く霜にあてて休眠させ、東京に持ち帰って温かい穴蔵で育成すれば、早く休眠が明け、その分だけ早く出荷できると考えた。そこで根株を群馬県の嬬恋村に持ち込んで、春から夏場の栽培を委託したところ大きな成果が上がったのだ。

その後、委託先は長野県や栃木県の高冷地に広がり、リレー栽培という独特の栽培法が確立した。春から夏にかけて、ウドは葉茎を大きく広げながら根株を太らせるため、広大な畑が必要になることからも、リレー栽培は生産者にとってはメリットがあった。

いっぽうで委託先の農家もウドの栽培法を習得し、長野県や群馬県にもウドの産地が生まれている。今日、市場に出回っている先端部が緑色の「山ウド」は、東京から地方に伝わった栽培法が基になっている。今日では生産量1位は栃木県となり、東京都は奮闘しているものの4位にとどまっている。

余談だが、クリスマス前に一斉に出荷されるシクラメンもまた、東京とのリレー栽培で生産が盛んになった花だ。夏場、暑さが苦手なシクラメンを高冷地の農家に委託し、秋になると東京に持ち帰って調整作業を行っていた。これによって北関東の高冷地などに高度な栽培技術をもつ産地が生まれている。

江戸の昔から文化の発信地だった江戸・東京は、今日でも全国に野菜文化を発信しつつあるといえる。

西洋料理にもあう

立川市のウド生産者のお宅には、道路に面して「立川特産 東京うど」の統一看板が立てられている。

旧五日市街道に面した、立川市の須崎雅義さんは、60アールの山林等を含めて3ヘクタールの農地を所有する専業農家だ。東京では珍しくなった江戸時代から続く短冊形の農地(南北に約1キロに渡って続く)を今に伝えている。ウド栽培では、リーダーとして長く「東京うど生産組合連合会」の会長を務められていた。

立川市では、特産「ウド」によるまち興しとして「うどラーメン」「うどパイ」「うどせんべい」などが開発されている。この需要をまかなうため、須崎さんは7か所のウド穴を使って長期間の栽培に対応している。寒冷地から持ち帰った根株は、保冷庫に12月から翌年9月頃まで保管している。

立川市では、平成18年度に消費拡大から食べきれる大きさの、短い「立川こまち」も開発し、ブランド化している。

2　世田谷で2度復活――〈伝統大蔵ダイコン〉

F_1種になっていた「大蔵大根」

「大蔵大根」は、世田谷区の石井泰次郎氏が育成したもので、1953年（昭和28）に品種登録された。栽培指導や登録事務を担当した植松敬さん（元東京都労働経済局主幹）に生前聞いているが、これは、江戸時代に現在の杉並区付近で源内という農民が作出した「源内つまり」（練馬ダイコン系の「秋つまり種」）と、地元世田谷区の「おく丸大根」との交雑種で、石井氏が固定化したものだ。農地が広がる大蔵の地で栽培されていたことから、「大蔵大根」として種苗登録したという。

「大蔵大根」は白首大根で、根身は「秋つまり」より短く35〜40センチほど。直径6センチの円筒形で輪切りにしやすく、肉質が緻密なので煮くずれしにくくて、甘みが強いことが特長だ。昭和40年代までは世田谷区のいたるところで栽培されていたが、昭和50年代になると、病気に強く栽培しやすいF_1種の青首ダイコンが急速に普及し、「大蔵大根」は次第に栽培されなくなって、「幻のダイコン」になってしまった。

しかし「大蔵大根」は青首ダイコンに比べて、おでんなどの煮物料理に向いている。やがて「地元産のおいしいダイコンが懐かしい」「もう一度食べたい」という区民の声が上がってくるようになってきた。そこで1996年（平成8）、世田谷区や都農業改良普及センターの指導とJAの協力を受けて、栽培しやすく揃いのよい交配種（F_1種）が育種され、昔ながらの〝大蔵大根〟の名称で、世田谷区で栽培が復活した。これが最初の復活である。

「大蔵大根」から〈伝統大蔵ダイコン〉へ

世田谷区瀬田で代々、「大蔵大根」を栽培していた大塚信美さんは、F_1種に飽きたらず、固定種の「大蔵大根」のタネを探しはじめた。伝統野菜が注目を集めるなか、世田谷に伝わってきた固定種の「大蔵大根」を絶やしたくないという思いもあった。そこで2011年（平成23）、日本農林社の固定種「大蔵大根」のタネを買い求めて栽培したところ、慣れ親しんだ昔の味のダイコンを収穫することができた。大塚さんいわく「味が違う、カブを食べているようだ」とのこと。慣れ親しんだ味を、舌が覚えていたのだ（口絵⑪）。

それからはF_1種の大蔵大根を作っている生産者と地元JA東京中央の協力も得て、母本《ぼほん》選定会を行っている。当初は「大蔵大根」の品種登録に携わった植松敬さんを招き、指導を受けた。また理解を示してくれた世田谷各地の生産者などに、自ら採種したタネを配布するようになった。

江戸東京野菜推進委員会（JA東京中央会）では、交配種の大蔵大根と区別するために江戸東京野菜は〈伝統大蔵ダイコン〉と命名して差別化し、2011年（平成23）に初登録された。

伝統大蔵ダイコンの母本選定を行う大塚信美さん

〈伝統大蔵ダイコン〉の味のよさを指摘するのは大塚さんだけではない。

世田谷で青果商・八百森を営む森田哲也さんも、「伝統大蔵ダイコンは、青首大根はもちろん、F1種の大蔵大根と比べてもはるかにおいしい」と太鼓判を押す。お客さんからは「葉の部分もおいしい」とほめられたそうだ。

3 緑と白の粋な色合い――〈馬込半白キュウリ〉

ぬか漬け用の名品

今日、キュウリはサラダ野菜の代表だが、キュウリを生食するようになったのは高度経済成長期以降のこと。それ以前、キュウリは夏の漬け物用野菜の代表だった。明治中頃に馬込（現在の大田区北馬込・南馬込）で作出された〈馬込半白《まごめはんじろ》キュウリ〉はその名の通り、へたの方は緑色で、下部が白い半白キュウリだ（口絵⑯）。緻密でやわらかいことから、ぬか漬けに最適と一躍人気になった。

キュウリ栽培は、江戸時代初期に砂村（現在の江東区北砂・南砂）から始まった。時代が下るとともに城南の品川などに拡大していき、1900年（明治33）、馬込で漬け物用の名品といわれた〈馬込半白キュウリ〉が育種された。

品質がよく、ぬか漬けに適していたため、次第に栽培地城が広がり、東京はもとより、関東一円ばかりか、全国で栽培されるようになった。野菜農家で「馬込半白」を知らない者はいないくらいに知れわたったキュウリである。

三拍子揃ったキュウリ

1996年（平成8）3月に、地下鉄西馬込駅近くの大田区立ライフコミュニティ西馬込の敷地内に建てられた「馬込半白節成胡瓜、馬込大太三寸人参発祥之地」の碑には、次のような一文が刻まれている。

馬込村では、昔から大井節成が多く栽培されていたが、明治33年頃に白い部分の多い、独特の性質をもった馬込半白がつくられた、市場価値も高く、馬込の特産品となった。

馬込半白は、「つる」の10節位から続いて雌花のつく節成種で、つるの伸びの強くない品種は、つるを立ててやると、よく育成することがわかり、馬込では支柱栽培を開発し確立した。

大正9年頃『大農園』という採種組合が篤農家、河原梅次郎氏を中心に数軒の農家でつくられ、その後、昭和8年には『馬込半白採種組合』が高瀬三次郎氏を代表として設立され、品種の保存と均一化に努めた。

馬込で採種した馬込半白を温暖地の近県をはじめ四国、九州まで栽培指導した河原梅次郎氏の功績は大きい。

馬込半白が、この地で栽培されたのは昭和38年頃までである。

「見た目のすがすかしさ」「味のよさ」「独自の栽培法」の三拍子が揃った〈馬込半白キュウリ〉は馬込地区の特産品となった。だが、〈馬込半白キュウリ〉は短めの円筒形なので、今日のキュウリのように栽培途中で曲がることは少ないが、半白の部分が黄色く変色しやすく、日持ちが悪いという短所がある。また馬込地区でも、時代の波に押され、農地・農家は減少の一途をたどり、〈馬込半白キュウリ〉の生産も危機的状況になっていた。

「幻の白いキュウリ」があった！

1995年（平成7）、先人の作り出した「幻の白いキュウリ」をなくすわけにはいかないと守り続けている農家がいることがわかった。大森地区の波多野金次郎さんだ。波多野さんの畑では、農地の減少と野菜農家が少なくなったことから、交雑することなく、貴重なキュウリが残っていたのだ。

この年、JA東京中央会では、〈馬込半白キュウリ〉を絶滅させないため、波多野さんからタネを分けてもらい、平成9年1月、近隣の世田谷区砧《きぬた》地区の野菜農家に栽培を依頼することを決めた。そのために、波多野さんを含めた、東京都農林部、農業試験場、農業改良普及センター、JA東京中央会の役職員など12名で試作会議を開き、復活に向けての取り組みをはじめた。

翌年には、農業試験場で栽培・採種したタネをもとに、東京都野菜生産団体連絡協議会の協力を得て、栽培地域は練馬区、立川市に拡大。平成11年には北多摩の5農家、南多摩の3農家、区内の5農家の13農家に栽培を依頼した。

JA東京中央会でも、〈馬込半白キュウリ〉の周知のため、カラー刷りのパンフレットを作って直売農家に配布し、消費者へのPRに努めた。

国分寺市の小坂良夫さんは、この〈馬込半白キュウリ〉の復活方針を受けて、10粒のタネを受け取り、栽培を始めた。その後、注目してくれた漬け物店があったことから、国分寺市有機農業研究会の仲間も栽培を開始し、現在では東京シティー青果で販売している。

また、練馬区の渡戸秀行さんも栽培したこのキュウリを、自宅直売所で青果やぬか漬けとして販売。2005年（平成17）のNHK「こんにちは いっと6けん」で紹介された渡戸さんは、「タネ採りは難しいが、使命感と勢いでやっている」と語っていた。

4　大玉で病気に強い――〈下山千歳白菜〉

中国生まれで、仙台育ち

冬場の鍋物になくてはならない白菜だが、意外にも日本での栽培の歴史は浅い。私たちがふだん白菜と呼んでいる、葉が重なり合って球のようになる「結球《けっきゅう》白菜」が我が国に入ったのは、1866年（慶応2）で、のちに内藤新宿農事試験場で栽培試験が行われた。だが広く知れ渡ったのは、日清・日露戦争（1894～95年・1904～05年）で兵士たちがタネを持ち帰ってからのことになる。

当時は、現代のようにタネを買ってくればいい時代ではなく、自家採種が当たり前だった。結球白菜の「芝罘《チーフ》」も中国から輸入され、各地で品種改良が行われて、自家採種が試みられた。だが、日本では結球する白菜のタネはできなかった。これは、日本にアブラナ科の野菜が多く、白菜の花期に各種の花粉が飛んで、交雑しやすかったためである。

日本で結球白菜を作るには、アブラナ科の植物が栽培されていない環境が必要となる。この課題をクリアしたのが、仙台の伊達養種園と渡辺採種場である。アブラナ科が栽培されていない松島湾内の島で芝罘白菜からの採種の研究を続け、1923年（大正12）に、結球白菜のタネの採種に初めて成功した。

その後、結球白菜のタネの採種法は各地で研究され、東京府農会では会報（1937年）に「結球白菜の栽培法」を6頁にわたって掲載し、ここで宮城県での事例についても紹介されている。以後、東京府農事試験場では芝罘による採種法を指導している。

耐病性の強い白菜の誕生

同じ野菜を同じ畑で何年も作り続けると、「連作障害」が起きる。これにより、白菜には、ウイルスに感染して起きる病気や、細菌により組織が軟化して腐る軟腐《なんぷ》病が多発した。

昭和20年代になると、バイラス病（ウイルスによる病気）のため生産量が激減し、農家は大打撃を受けた。被害は拡大して、東京の白菜栽培は減少の一途をたどることになった。

このとき、白菜農家の困窮を救ったのが、北多摩郡千歳村（現在の世田谷区北烏山）の篤農家、下山義男さんが育成した耐病性の白菜だった。

都内では昭和10年（1935）頃から、結球白菜に軟腐病の被害が著しかったが、下山さんは自らの畑で品種の交配を繰り返し行っていた。そして「芝罘」と「包頭連《ほうとうれん》」という2つの種の白菜の自然交雑種のなかに、病気に強いものがあることを発見。下山さんは、

標準サイズの下山千歳白菜。大きいものは10キロを超える

昭和14年から本格的に耐病性育種に着手することとなった。

実際、１９５０年（昭和25）にウイルス病で大きな被害が出た際も、翌年に軟腐病がひどかったときも、下山家の白菜の罹病率は1パーセント程度だったという。このことは『農耕と園芸』という雑誌で大きく紹介もされている。

当初は軟腐病の耐病性に力点をおいていたが、軟腐病以上にウイルス病の被害が大きかったことから、ウイルスへの抵抗性も加えて選抜淘汰を行った。そして昭和23年、軟腐病とウイルスの2つへの耐病性が確認された種が誕生、昭和25年の品種登録の内定で「千歳白菜」が官報に発表された――と、普通ならここで名前が決定するわけだが、当時、旧千歳村一帯で地場の白菜として「千歳白菜」の名称で種子の販売と採種が行われていたことから、「私たちの種子が売れなくなる」と異議が出た。また特許庁からも、北海道の千歳澱粉が「千歳」という名称を使っていることから、「千歳白菜」が使えなくなった。

そのため、作出者の下山を頭につけて「下山千歳白菜」として１９５３年（昭和28）７月に品種登録された。

〈下山千歳白菜〉はゆっくり生育するが、耐病性、貯蔵性に優れ、５～７キロにもなる大玉の白菜だ。これにより、どれだけの白菜農家が救われたことか。その後も耐病性品種の育種の〝親〟として重用された。また消費者にとっては、ボリュームがあるので漬け物に最適だと大歓迎された（口絵㉖）。

父の志を受け継いで

昭和40年代になると、〈下山千歳白菜〉の長所が時代にそぐわなくなる。核家族化の影響で大玉の白菜は敬遠されるようになり、生産の中心は１・５～２・５キロのＭ玉が中心になった。

生産者にとっても、〈下山千歳白菜〉はＭ玉の倍の株間をとることや、品種改良により病気に強いF_1種が一般的になったことなどから、栽培する人が激減し、栽培は途絶えてしまった。

その40年後、〈下山千歳白菜〉の栽培復活を望む声が地元で大きくなる。下山家では採種はしてなかったが、タネを保存していた種苗会社があり、１９９８年（平成10）に栽培が復活した。

２００５年（平成17）に他界した育成者の下山義雄さんに代わって、栽培を受け継いだのは長男の下山繁雄さんだ。

繁雄さんは会社勤めをしていたが、定年退職後の２００４年就農し、農業を一からコツコツと学んだ。そして8年後には〈下山千歳白菜〉をはじめ多品目を栽培するまでになった。下山家伝来の白菜は給食センターなどの業務用に販売。「ミニ白菜が好まれる時代ですが、親孝行のつもりで作り続けています」と語っていた。出版社に勤めていた経験を生かし、２０００年には『農に生きる――白菜育成にかけたわが人生』（下山繁雄編）を出版している。

江戸時代から続く農家の下山家の敷地の一部は、「北烏山九丁目屋敷林市民緑地」として一般に開放され、緑地の一角には、下山義雄さんの功績を称える「下山千歳白菜発祥之地」の碑が建てられている。下山家の屋敷林等はかつての世田谷の面影を今に伝え、緑豊かな貴重な自然環境を守るための歴史的・文化的環境だと、「せたがやトラスト協会」によって保全されている。

江戸東京野菜の魅力を語る｜4

聞き手・大竹道茂

日本橋 ゆかり 三代目 和食料理人

野永喜三夫さん

日本橋の老舗料理店の三代目として采配を振るうだけでなく、各地で開く料理教室やフェイスブックなどのSNSでも、和食のおいしさ、すばらしさを発信し続ける

——京都で修業をなさっていたと、二代目からうかがいました

東京の調理師学校を卒業後、京都の老舗料亭「菊乃井」で6年間修業しました。京都では、京野菜を作っている農家が、四季折々の旬の野菜を店に運んでくれます。店の休みの日には農家にお手伝いに行って、いろいろなことを教えてもらいました。賀茂ナスの季節には、「まず生で食べてみてどういう味か確かめてほしい」といわれました。野菜には料理との相性があるから、「なぜ油で揚げるのか、なぜ煮浸しにするのかを、食材を見ながら考えてほしい」とも。指示された通りに切ったり焼いたりするだけでは「ただの作業だ」と農家の人から教えてもらったのです。

京都の料理人は、野菜や魚など地元の食材を使って料理を作らせてもらう。そうやって作った料理が京都の街の人々に支えられているのです。

京都の食文化に共鳴して東京に帰ったので、自分の店でも京野菜ばかり使っていたら、「東京にもいいものがあるから見直せ」と二代目の親父からいわれました。それで気付いたのです。

今でこそ地産地消は当たり前ですが、当時は東京の食材にこだわって和食をやっている人はいませんでした。修業先の師匠・村田吉弘さんにその話をすると、その通りだ、京都の料理人は昔から地元の食材を使っている。お前ら東京の料理人はアホやと叱られました。それで、ぼくも東京の食材に目を向けるようになったのです。

――江戸東京野菜を、どのように出していますか

「日本橋 ゆかり」の料理は、京風と関東風の〝いいとこどり〟です。おいしい料理をお出しするために、食材の特徴を理解し、手間ひまかけておいしくするにはどうしたらいいか、いつも考えています。

今、世界中で注目されている食材に、ゴボウなどの根もの野菜があります。江戸東京野菜の〈滝野川ゴボウ〉などのゴボウは煮るだけでなく、蒸して油で揚げ、ミキシングして出汁でのばしてスープにしてもおいしい。

店では、小松菜のお浸しは一年中お出しししています。小松菜は湯がいて水を切ったら追い鰹の効いたおいしい出汁に浸け込んでぎゅーっと絞り、出汁にもう一度浸ける。二度浸けするとよりおいしくなります。タケノコの季節には、追い鰹の出汁にタケノコを浸けますので、おつゆまで飲んでいただきたい。〈伝統大蔵ダイコン〉はふろふき大根にすればおいしいし、〈練馬ダイコン〉はたくあんにするだけでなく、煮てもおいしい。

店に来られるお客さんは、年配の方でも江戸東京野菜をご存知ではない方が多い。でも、食べると「ほっとするね」「癒される」とおっしゃいます。野菜には「走り」「旬」「名残」という3つの時季があり、その時季の野菜を食べるとからだに負担がありません。和食の基本は旬の食材を使うことですから、「癒される」とはうれしいコメントです。

——和食のよさを伝えるために、どんな工夫をしていますか

ダイコンの皮は棄てるのではなく、刻んで塩でもんで柚子と漬け物にする。皮ごとおろすと辛い〈亀戸ダイコン〉は、辛味を活かしたみぞれ和《あ》えにする。葉っぱも使うときれいなので、大根は1本丸々使う、というように、食材を無駄なく使い切ることも大切にしています。今の若い人は和食離れしているといわれますが、ひとつの食材を使い切るという料理人の知恵に新鮮さを感じている人もいます。そして、「和食いいね！」と見直すきっかけになっています。

ホンモノのおいしさ、旬のもののおいしさを知らなければ、野菜離れするのは当たり

前です。伝統的な小松菜が交配種のF_1に取って代わられたことを、多くの人は知りません。その理由が、「固定種の小松菜は、葉も茎も柔らかく折れやすく、揃いが悪い」からということを発信していかなければならない。そうすると、F_1と固定種とどう味が違うのか、食べ比べてみたいということになります。

和食の基本は、地元の食材を使った料理を、日本独特の調味料で調理することです。最近では醤油や味噌などの発酵調味料や、納豆に興味をもつ外国人も増えています。ユネスコの世界無形文化遺産に登録された和食の特徴・魅力をわかりやすく発信しなければならない、若い人にもっと気軽に和食に親しんでもらいたい――そう考えて、2014年から続けている「野永めしセミナー」などの料理教室では、いかに簡単においしい和食を作れるかを発信しています。呼ばれればどこへでも出かけて行きますよ。

上原恭子さん

NPO法人江戸東京野菜コンシェルジュ協会理事／社団法人日本野菜ソムリエ協会 野菜ソムリエプロ

江戸東京野菜コンシェルジュ協会が開く講座の試食会や、生産者との交流会などの料理を一手に引き受けるだけではなく、野菜ソムリエプロとして全国を飛び回る

――「野菜ソムリエ」の資格を取ったのはなぜですか

私が生まれて初めて畑に入り、農家さんのお話を聞いたのは、野菜ソムリエ講座の先生の案内で三浦半島に連れて行ってもらったときです。周りに畑のまったくない東京の下町で生まれ育ったので、それまで野菜が育つところを見たことがなかったのです。畑や野菜には縁遠かったのですが、父方は酒問屋、母方は中華食材の問屋を営んでおり、いろいろな食材に恵まれた環境だったので、大学生の頃から料理教室を開くほど、料理は大好きでした。

その私が野菜ソムリエの養成講座を受けようと思い立ったのは、息子が社会人として独り立ちしたからです。成長していく息子に負けないように、もっと野菜のことを深く知って、料理の経験と知識を深めていこうと思ったのです。

初級講座では、野菜や果物についての基礎知識を学びました。これによって、今までとはまったく違う世界が見えてきました。「料理から野菜を見ること」と「野菜から料理を見ること」が全然違うことが、よくわかりました。「この料理を作るにはどんな野菜を使うか」ではなく、「この野菜のおいしさを活かすには、どんな料理が向いているか」と考えるようになったのです。

新しい視点が持てると、野菜のことをもっと深く知りたくなり、野菜ソムリエ中級コースを受講しました。そして資格を仕事として活用できるスペシャリスト、野菜ソムリエプロの資格を取得しました。

――江戸東京野菜との出会いは?

野菜ソムリエプロになって、大手食品メーカーや高級スーパーのレシピ開発、青果物生産県のためのプロモーションサポート、野菜料理教室の講師などの仕事を引き受けるようになりました。地方で地場野菜に関わる仕事を頼まれて、地元東京のことを、今まで知らなかったことに気づいたのです。

今でこそ、東京には江戸の昔から栽培されてきた「江戸東京野菜」があることは知られるようになりましたが、当時はそれほどではなく、もちろん、江戸東京野菜の認証制度も発足していません。野菜ソムリエプロの活動を通して、地元東京にも伝統野菜があることを知って、小金井市を中心に活動していた「NPO法人ミュゼダグリ」の仲間に加えてもらいました。

ミュゼダグリはその後、「江戸東京野菜コンシェルジュ育成協議会」を経て、2015年1月、東京の伝統野菜の普及とそれにかかわる人材育成に取り組む「NPO法人江戸東京野菜コンシェルジュ協会」として新たなスタートを切りました。私はミュゼダグリ時代から今日まで、事務局として裏方の業務を引き受ける一方で、野菜ソムリエプロの資格と料理の経験を活かして試食会などの料理を担当しています。

――江戸東京野菜コンシェルジュ協会ではどんな活動を?

２０１１年から毎年、江戸東京野菜コンシェルジュ育成講座を開催しています。講座は3日間、3週連続で土曜日に行われ、3日目の検定試験では筆記試験とレポートが課せられます。講座内容、筆記試験、コンシェルジュ資格取得後には江戸東京野菜についてどういう活動をしていきたいかを記述するレポートがあり、かなり高度な内容です。２０１９年の第9期までに１６１人が合格して、江戸東京野菜コンシェルジュの資格を取得しました。

江戸東京野菜コンシェルジュ育成講座のことは、野菜ソムリエの間にも口コミで広まり、合格者１６１人のうち4分の1は、なんと野菜ソムリエの資格取得者。野菜についての基礎知識があるので高得点で合格する人が多く、資格取得後は今までの活動にプラスして、江戸東京野菜コンシェルジュの活動もすぐにスタートできることは大きな強みです。

野菜それぞれにはっきりした個性がある江戸東京野菜は、野菜ソムリエとしても魅力的な食材です。たとえば〈馬込半白キュウリ〉は、すぐに黄色くなったり日持ちが悪いという面がありますが、キュウリがもともと持っていた本来の味があります。そこで試食会の料理レシピを考えるとき、品種改良によって生まれたF_1のキュウリと同じにするわけにはいきません。その野菜の持ち味を理解してその魅力を伝えること、農家さんの気持ちを伝えるにはどんな料理がいいのか常に考えています。

第５章　学校の畑でよみがえる

１　小学校の記念事業で復活――〈寺島《てらじま》ナス〉

２００７年（平成19）から本格的に江戸東京の伝統野菜の復活に取り組みはじめたとき、栽培を継続していた江戸東京野菜15品目は、ダイコン、ニンジン、コマツナなど、秋から冬にかけて収穫されるものが多く、春から夏にかけての野菜は少ない。せっかく江戸東京野菜を食べるのであれば、一年中楽しめたほうがいい。そこで、江戸で夏野菜の代表として知られていた〈寺島ナス〉を復活させたいと考えるようになった（口絵㉒）。

〈寺島ナス〉は、隅田川をはさんで浅草の対岸にある、寺島村（現在の墨田区東向島）で生まれた。茎が細く、小ぶりの実がたくさん生ることから「蔓細千成《つるぼそせんなり》」とも呼ばれている。

〈寺島ナス〉については、1997年（平成9）に「江戸・東京の農業屋外説明板」を白《しら》鬚《ひげ》神社（墨田区東向島）に設置させていただいた。次のようなものだ。

かつて、白鬚神社の周辺は寺島村といいました。元禄郷帳（1688～1704）によれば、この地域一帯は、水田を主とする近郊農村でしたが、隅田川上流から運ばれてきた肥沃な土はナス作りにも適し、ナスの産地として、その名も「寺島《てらじま》ナス」と呼ばれていました。

享保20年（1735）の「続江戸砂子温故名跡志」には、「寺島茄子《てらじまなす》　西葛西の内也。中の郷の先、江戸より一里余」とあり、「夏秋の中の嘉蔬《かそ》とす。」また、文政11年（1828）の「新編武蔵風土記稿」には、茄子《なす》として、「東西葛西領中にて作るもの」として「形は小なれどもわせなすと呼び賞美す」と江戸近郊の名産であることが記されています。

農家は収穫したナスを船を使って、千住や、本所四ッ目、神田の土物店《つちものだな》（青物市場）等に出荷していました。

江戸時代、悠々と流れる隅田川の東岸。田園地帯であった寺島に、後世に伝えるに値するナスの銘品があったのです。

このように東向島のあたりは肥沃な土地で、かつては〈寺島ナス〉の栽培が盛んだった。関東大震災以降は宅地化が進み、現在はこの地に農地はなく（墨田区には農家はない）、まったく栽培されなくなってしまった。

地元小学校と深いかかわり

〈寺島ナス〉（蔓細千成）のタネは、農業改良普及センターのOBから、茨城県つくば市にある農業生物資源研究所（現在の農研機構）の農業生物資源ジーンバンクに保存されていると、ずいぶん昔に聞いていたので、ここから取り寄せた。問題はどのようにして復活栽培させるかだった。

それから少したった2007年（平成19）の暮れ、東京新聞の記者が取材に訪れた。記者によると、白鬚神社の説明板を読んだ地元の東向島駅前商店街の方たちが、「いつか地元の名物にしたい」と話していたとのこと。そこで「寺島ナスをぜひ復活してほしい」とエールを送り、これを記事にしていただいた。記事は2008年1月4日一面6段で「復活目指す〝幻のナス〟」として掲載された。しかしその後、動きはなかった。地元の商店街が無理ならと、夏ごろから自分で動くことにした。

かつての寺島村付近の情報を集めはじめると、墨田区立第一寺島小学校（墨田区東向島）が、２００９年に開校１３０周年記念を控えていることを知った。

江戸時代、寺島あたりは隅田川の上流から運ばれてきた肥沃な土壌で、江戸市民の野菜産地であり、近隣の隅田村には四代将軍家綱の時代に、将軍家の畑である御前菜畑が設けられていた。第一寺島小学校は１８７９年（明治12）に開校しているから、当時の児童の親たちは、周囲に広がる畑で〈寺島ナス〉を生産していたことだろう。

学校の歴史と深いかかわりのある〈寺島ナス〉を、１３０周年記念事業の一環として栽培してもらえないだろうか――同校を訪ね、〈寺島ナス〉の復活栽培をお願いした。すぐには返事をいただけなかったが、帰りがけに〈寺島ナス〉の農業説明板のある白鬚神社に寄ることにした。

白鬚神社の今井達宮司は第一寺島小学校の卒業生で、お会いした前年までPTAの会長でもあったという。今井宮司に〈寺島ナス〉復活について話をすると、「寺島の名は、今日では小中学校の校名にしか残っていない、由緒ある〝寺島〟の地名を１３０周年記念事業でアピールしよう」と、さっそく行動を起こしてくれた。

今井宮司をはじめとする地元に住む卒業生は、〈寺島ナス〉の復活栽培を開校１３０周年の記念事業として行うことにこぞって賛成してくれた。そして、地元の人々の声を集め

星野直治さんの授業にテレビ局も駆けつけた

て同校を後押しし、その努力が実って、開校130周年記念行事のひとつとして復活栽培がとんとん拍子に実現する運びになった。

記念式典で苗の贈呈式

さっそくジーンバンクからタネを取り寄せ、三鷹市のナス農家、星野直治さんに苗作りをお願いするとともに、寺島小学校での栽培指導についてもお願いした。

星野さんは〝東京のナス名人〟と称されるナス栽培の第一人者で、ともに都市農業を守ってきた仲間でもある。三鷹の畑では毎年数千株のナスを栽培しているが、〈寺島ナス〉は栽培がとだえて以降、だれも作ったことのないナスだ。星野さんは丹精込めて苗作りに取り組んでくれた。

また、〈寺島ナス〉復活栽培のプロジェクトは、JAバンク東京信連と東京都農林水産振興財団などが支援し、ポット、腐葉土、支柱など資金面では農林中央金庫とJAバンクが食農教育を支援してくれた。

そして2009年5月7日、第一寺島小学校開校130周年式典プログラムのひとつとして、〈寺島ナス〉の苗の贈呈式が行われ、星野さんが大事に育てた苗180本は児童たちに手渡された。

贈呈式の後、6年生が星野さんのアドバイスを受けながら60リットルのポット30個に腐葉土を入れ、2本ずつポットに定植し、児童の登下校の際や地元住民にも見えるよう、校庭の周囲に置かれた。贈呈式と定植のようすはメディアでも紹介された。

小学校での農業の学習は、とかく学年が限定されがちだが、同校では、下級生は「観察」、上級生は「栽培と管理」と、学年ごとの能力に合わせて全校生徒が栽培に取り組んだ。また、〈寺島ナス〉の収穫期は夏から秋口までと長い。定植から半年にわたる栽培で、かつて農村だった地元の歴史や文化、さらに、野菜が時間と労力をかけて栽培される過程や、食べ物の大切さを子どもたちは学んだようだ。

収穫したナスは給食の食材として活かされることになり、ドライカレー、麻婆茄子など、に調理された。ナスは嫌いだという子どももいたが、愛しみながら栽培したことが食べる意欲につながったのか、皆と一緒に食べていた。

式典での苗を用意してくれた星野さんは、その後も同校を毎月１回訪れ、時期ごとの栽培のポイントを指導した。〈寺島ナス〉の栽培は星野さんにとっても初めてだったので、自ら重要なところはどこか、栽培のポイントを確かめたのだという。

一時は無理かと思われた復活栽培だったが、皆さんの熱意が実を結んだ。２０１９年も星野さんは、第一寺島小学校で栽培指導を行っている。

地元で盛り上げる

〈寺島ナス〉は、鶏卵大で香りが強く、皮がやや硬いものの、加熱するととろりとした食感になる。日本橋の老舗をはじめ、興味をもってくれた料理人たちを星野さんの畑に招いて試食会を開いた。また、「第４回　野菜の学校２０１０」では、〈寺島ナス〉と千両ナスの食べ比べが行われたが、野菜ソムリエなどからは「加熱調理した寺島ナスは、千両ナスに勝るとも劣らない」等々の賞賛の声があがり、食材として「使いたい」と注文する料理人が続出した。

〈寺島ナス〉は学校で復活栽培されただけでなく、墨田区のまち興しの重要なアイテムに

「たもんじ交流農園」（2018年7月）。多くの人が寺島ナスの世話に訪れる

なっていった。2012年になって東向島駅前商店街の皆さんが動きはじめた。東京スカイツリーの開業に合わせて、寺島・玉の井独自のカラーを出したいと、地元の「寺島・玉ノ井まちおこし委員会」が「寺島なす復活プロジェクト」を企画。シンボルキャラクターの「寺島茄子乃介」が生まれた。

東武線東向島駅高架下に設置されていたフラワーポットで〈寺島ナス〉の栽培がはじめられ、以後、毎年、東向島駅前商店街振興組合はイベントを行い、2014年9月には「寺島なすサミット2014」なども開催した。そして2015年には、東京都産業労働局が実施した「食と観光」をテーマにした、「第11回 東京商店街グランプリ」で、みごと優秀賞を受賞している。

「まちおこし委員会」から「ＮＰＯ寺島・玉ノ井まちづくり協議会」となって活動を展開するなか、２０１８年３月には、住民交流を活発にする拠点ができる。地元、多聞寺の駐車場を借用して作った「まちなかだからこそ創りたい！　たもんじ交流農園」がそれである。この農園は、墨田区唯一の農園となった。

この事業は、墨田区がふるさと納税を活用して行う「すみだの夢応援助成事業」の第1号として、65名の方々に寄付いただいて立ち上がった。「寄附者銘板にお名前を記載する」という「納税返礼品」に申し込まれた24名の名前をボードに張り出した。

この手法は、農地法上の農地がなくなった東京都心の11区でも活用できる手法である。

2　タネのリレーが始まった――〈砂村一本ネギ〉

２０１０年5月、江東区立第五砂町小学校の栄養教諭、銭元真規江先生より、地元の伝統野菜「砂村一本ネギ」を栽培したいという相談があった。総合学習で、「砂村一本ねぎを復活させよう」というテーマに取り組みたいのだという。

学校のある砂町地域は、かつては「砂村」（現在の江東区北砂・南砂）と呼ばれ、野菜の促成栽培、とくに「砂村一本ネギ」の栽培で知られたところ。今ではすっかり栽培されなくなったこの野菜を復活させることで、子どもたちが地域により興味と関心をもち、野菜をより身近に感じて、進んで食べるようになってほしい、と考えたのだという。

白軸で甘い「根深ネギ」の誕生

江戸のネギ栽培は、まさに第五砂町小学校のある「砂村」で始まったといわれる。

この地域は、もともと干潟や湿地帯で、作物を作れるような土地ではなかった。それが、江戸時代の初めに、砂村新左衛門によって新田開発が行われ、遠浅の海が広大な農地に造成された。そして開発者の名前から「砂村」と呼ばれるようになった。東京メトロ東西線に乗っていると（南砂町駅より東は地上、高架を走る）、砂町付近から南に土盛りされた形跡が今でも見てとれ、このあたりから遠浅の海が干拓されたことを物語っている。

幕府は、砂村に摂津（現在の大阪府北中部）から呼び寄せた農民を入植させ、以来、砂村は江戸の農業の先進地になっていく。

当初、砂村では摂津から持ち込まれた葉ネギの栽培が始まったが、摂津より寒かったからか、霜枯れ病にかかって葉が枯れてしまった。入植地ではネギは栽培できないのかと落胆しながら、枯れたネギを穴を掘って片付け、火を付けて燃やしたところ、土に埋まっている3～4センチほどの白い軸の部分が焼けて、とてもいい匂いがした。食べてみると、甘くてうまい。そこで、白い軸の部分が長くなるように、根もとに土寄せする「根深栽培」の方法が生まれた。

摂津の伝統的ネギというと難波《なんば》ネギで、難波ネギは京都にわたって九条ネギになったといわれているが、砂村に持ち込まれたネギの品種名までは伝わっていない。砂村のネギは分蘖《ぶんげつ》（株分け）せずに1本の株のまま収穫できることから「砂村一本ネギ」と呼ばれるようになり、一帯はネギの産地になった。その後、栽培地域は荒川流域の千住付近にまで広がって、現在はネギの一大ブランドとなっている「千住ネギ」のルーツとなった。

「砂村葱採種場」

江東区東砂の生田神社に隣接する公園には、「東京都特産砂村葱採種場」を描いた絵があり、「東砂3丁目砂村ネギ畑　昭和30年頃の風景です。番所橋通りに沿ったあたりにネギ畑がありました。昭和40年頃まであったそうです」という説明書きがある。

江戸時代から栽培されてきた〈砂村一本ネギ〉は、1965年（昭和40）頃まで東京都農業試験場の採種場で守られてきたようだが、その後、栽培が途絶えてしまった。

収穫して、給食で食べる

銭元先生から依頼されたタネは、日本農林社に固定種「砂村一本葱」のタネとしてあることがわかった。さっそく取り寄せて、2010年（平成22）9月、第五砂町小学校を訪問したところ、4年生が「総合的な学習の時間」で〈砂村一本ネギ〉の復活に取り組むことになった。

栽培の指導には、江東区で「田んぼの学校」の活動を行っている藤浪三男さんがあたってくれることに。そして、4年生がプランターにタネを播いて、「砂村一本ネギ復活」の活動が始まった。このタネ播きが、現在まで続く「砂村一本ねぎを復活させよう」という授業の端緒となった。

以下は、第五砂町小学校のタネ播きから収穫までの大まかなスケジュールである。

○4年生
8月下旬　タネの贈呈式・タネ播き
10月下旬　定植（プランターから菜園に植替え）

○5年生

12月　第1回 土寄せ
3月　第2・3回 土寄せ
4〜5月　収穫・給食
5月〜　採種用のネギ坊主の乾燥・採種

毎年8月下旬に「タネの贈呈式」が行われ、4年生は5年生から〈砂村一本ネギ〉のタネを受け継ぐ。そして、プランターにタネを播き、ある程度の大きさになったネギの苗をプランターから菜園に移植、土寄せを2、3回行う。授業は3月で終わらず、5年生になっても続く。そして5月、新5年生になってから収穫をするのだ。

だが、江東区では、学校で栽培したものは放射能検査を受けていないので、給食には出せない。そのため、各自が持ち帰り、家庭の判断で食べることになった。

しかし銭元先生をはじめ同校の先生方は、せっかく児童たちが栽培したものだからと、収穫した〈砂村一本ネギ〉を深川南部保健相談所に持ち込んで、検査を受けた。ヨウ素、セシウムともに検出されず、安全が確認された。結果は、急きょ「食育だより」で各家庭に伝えられ、生徒の育てた〈砂村一本ネギ〉が給食に使われることとなった。以後、この検査は毎年行われている。

砂村一本ネギの「タネの贈呈式」（第五砂町小学校）

収穫されたネギは、毎年25～40キロもの量になる。これを、全校児童と教職員が給食で味わうのだ。そして5年生だけは、4年生から栽培してきた特典として、ネギ坊主の天ぷらが食べられる（口絵⑰⑱）。

手渡される「命のバトン」

「砂村一本ねぎを復活させよう」の授業は、収穫では終わらない。5年生が天ぷらにして食べたネギ坊主は、本来はタネを採種するためのものの一部を給食にまわしたもの。ネギ坊主を畑に残しておいて乾燥させ、梅雨明けに採種するところまで授業で行っている。

そして夏休み明けの8月末、5年生が自家採種したタネを後輩の4年生に伝達する「贈呈式」が行われる。5年生は栽培の思いを伝えながら、4年生にタネを手渡す。タネをつなぐ授業はこれで一巡する。

第五砂町小学校で始まった「タネのリレー」を知った足立区農業委員会の荒堀安行会長から、足立区の伝統野菜「千住ネギ」を復活させたいと相談があった話は、〈千住一本ネギ〉（48頁参照）でふれた通りだ。

第五砂町小学校で始まった江戸東京野菜の復活栽培の動きは、都内の小学校に広がり、今では、多くの小学校で「タネの贈呈式」を学校行事のひとつとして行っている。

また、２０２０年（令和２）度の『楽しい理科５年』（大日本図書）という教科書には、「白いネギのつくり方」として、土寄せの方法や砂村にネギが伝わった歴史が、イラストや第五砂町小学校の写真とともに紹介されている。

3　地域とNPOの連携で復活――〈内藤トウガラシ〉

新宿一帯が真っ赤になった

ＪＲ新宿駅の東口から靖国通りを東に５分ほど歩いたところに、ビルに挟まれるように鳥居が建つ。花園神社だ。この鳥居（伊勢丹側）近くの境内に、１９９７年（平成９）、50

本ある江戸・東京の農業説明板のひとつ「内藤トウガラシとカボチャ」を建てさせていただいた。

この花園神社から南に300メートルほどのところに、桜の名所でも知られる広大な庭園、新宿御苑がある。江戸のころは信州高遠《たかとお》藩内藤家の下屋敷だったところで、〈内藤トウガラシ〉や〈内藤カボチャ〉は、この屋敷で栽培されていた野菜である。

家康が江戸に入府したのは1590年（天正18）、このときに護衛のため、鉄砲隊を率いて先陣を務めたのが高遠藩の内藤清成である。家康の鷹狩のお供をした際、先陣の褒美として、「ここから馬で一気に回ってきたところを領地として与える」といわれた。清成は、新宿二丁目のあたりにあった榎の大木を起点に、代々木、千駄ヶ谷、四谷、大久保をぐるっと回り、20万坪という広大な土地を拝領した。家康の元へ駆け戻った直後、愛する白馬は息絶えたという。新宿御苑そばの多武峯《とおのみね》内藤神社には、この馬を祀る駿馬塚がある。

下屋敷の大部分は現在、新宿御苑となっている。〈内藤トウガラシ〉は、かつてここで栽培され、近隣に広まったスパイスだ。その経緯を、新宿御苑のある内藤町にお住いの、清成から数えて17代目に当たる内藤頼誼《よりよし》氏にうかがった。

「屋敷は、大木戸門（苑の北西）に近い、玉藻池を中心とする日本庭園にありました。敷地が広大なので、小作人を雇って野菜や米を作らせていたのですが、広すぎて当主は何を作っていたかまでは知らなかったんです」

頼誼さんも、最近まで、トウガラシとカボチャを栽培していたことを知らなかったという。地域の歴史を研究していた教育者、芳賀善次郎の『新宿の今昔』には、屋敷地には家臣を住まわせていたが、ほとんどが農地で、小作の百姓家が14、15軒あったとある。

明治になってから新宿御苑は、牧畜、園芸の改良を行う内藤新宿試験場（農事）となった。このため日本の園芸発祥の地ともいわれる。

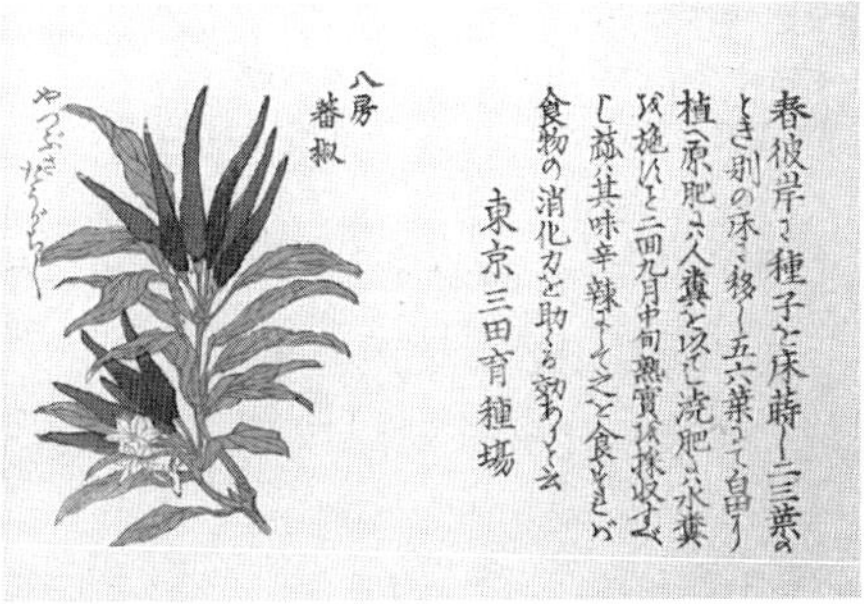

「八房蕃椒」として『穀菜辨覧（前編）』に載る。人糞、水糞の文字が時代を感じさせる（写真提供：本荘暁子氏）

『新編武蔵風土記稿』（1828年）には、「四ッ谷内藤宿及び其辺の村々にて作る、世に内藤蕃椒《ばんしょう》と呼べり」とある。江戸の後期には、蕎麦が流行した。独特の風味と辛味がうけたのか、温かい「かけ蕎麦」の薬味にトウガラシを使ったこともあって、需要が増え、新宿周辺から大久保にかけての畑は、トウガラシで真っ赤になるほどであったという。

この光景は、霜が降りた頃のことと思われる。「薬《や》研堀《げんぼり》の七味唐辛子」で知られるトウガラシ売りの口上に「まず入りますは、お江戸は内藤新宿の八房《やつぶさ》の唐辛子」とあるように、内藤トウガラシは、赤い実が上向きに、房のようにまとまってつく「八房」トウガラシだ。葉も繁茂する。霜が降りて葉がダラッと下がると、一気に赤い実が露出して、畑一面が真っ赤な絨毯を敷いたようになる（口絵⑤⑥）。

江戸では「七色唐辛子」、関西では「七味唐辛子」といっていた。だが、戦時中に「色」は「色事」をイメージすると注意する者がいて「七味」となったが、この「七味」を今では「なないろ」と読ませることもある。

宿場町として内藤新宿が栄えるにつれ、トウガラシ畑は少なくなっていった。明治中期には、北原白秋が「武蔵野のだんだん畑の唐辛子　いまあかあかと刈り干しにけれ」（『桐の花』）と詠んだように、トウガラシの産地は内藤新宿から西に移り、武蔵野の各地で栽培されるようになった。そして、もっと辛味の強い「鷹の爪」が人気を博すようになると、〈内藤トウガラシ〉は作られなくなっていった。

〈内藤トウガラシ〉の復活で、まち興し

一度は、栽培すらされなくなった内藤トウガラシだが、これを現代に復活させ、地元、新宿の活性化に役立てている人物がいる。「内藤とうがらしプロジェクト」のリーダー、成田重行さんだ。〈内藤トウガラシ〉復活までの、成田さんがたどった道のりは、実に長いものだった（207頁参照）。

プロジェクトの活動は、年々、その輪を広げ続け、いまや新宿の新しい歴史文化を創り出しているといっていい。プロジェクトのホームページ「新宿名物、復活！　内藤とうがらしプロジェクト」や、成田さんの著書『情熱の！　新宿内藤とうがらし――新宿名物誕生物語』（２０１５年）には、環境美化運動の一環として〈内藤トウガラシ〉の苗を住民や商店街に配布してプランターで育てる四谷地区の活動や、地域通貨（アトム通貨）運動と連携して、企業と飲食店、そしてお客さんをつなぐ早稲田・高田馬場地区の活動などが紹介されている。

２０１９年の秋に開催された「第６回　新宿内藤とうがらしフェア」では、新宿各地に設けられた会場や、地域（店舗が連携）でイベントが行われた。そのいくつかを挙げておきたい。

四谷　四谷大好き祭り２０１９　内藤七色唐がらし調合実演販売

新宿御苑　内藤とうがらし文化・活動展（レストランゆりのき）

チリビアン　ナイトゥ２０１９（地域の飲食店で内藤トウガラシ料理を提供）

伊勢丹　新宿を真っ赤に——学校発！　とうがらし栽培展示

髙島屋　内藤とうがらし内藤かぼちゃフェア——今年は色で味わう

戸山公園　内藤とうがらし市2019（内藤トウガラシの鉢植販売など）

神楽坂　真っ赤な収穫祭（早稲田大NPO農楽塾による収穫体験）

百人町・大久保　内藤とうがらしの鉢植、七味の販売（毘沙門天善國寺前）

西新宿　世界の内藤とうがらし（多国籍料理で楽しむ）

高田馬場　新宿ぶらぶらさんぽ（常園寺→成子神社→新宿中央公園→東京ガス新宿）

バル辛フェスタ2019（とうがらし特別メニューの食べ歩き・飲み歩き）

学校での取り組み

また、〈内藤トウガラシ〉をテーマに、小学生から大学生までが研究の成果を発表する「新宿内藤とうがらしサミット」が毎年開催されている。これまでに、都立園芸高校が栽培・収穫・加工の実習に加え、地元の方たちに収穫物や加工品を提供したり、新宿調理師専門学校が和食・中華の先生を中心に〈内藤トウガラシ〉の出汁の研究を発表したりした。

早稲田大学の学生NPO「農楽塾」は〈内藤トウガラシ〉の魅力を研究。学習院女子大学では、品川明教授のもと、フードコンシャスネス講座で研究を続けるほか、有志で「と

「新宿内藤とうがらしサミット2018」（学習院女子大学）

うがらし女子」を結成し、〈内藤トウガラシ〉の青トウガラシを使ったさわやかドリンクなどの開発をしている。

このほか、「サミット」には以下の学校が参加している。四谷小学校、西新宿小学校、大久保小学校、花園小学校、西戸山小学校、落合第六小学校、新宿中学校、新宿高校、戸山高校、服部栄養専門学校、学習院（幼稚園、初等科、中高女子部、中高男子部）。

地域でまとまって行うイベントのほかに、新宿御苑に隣接する都立新宿高校では、公開講座のひとつとして「親子で挑戦！「内藤とうがらし」復活プロジェクト」を開催した。〈内藤トウガラシ〉の歴史を学び、栽培から調理までを親子で行うもので、5月から8月末まで5回にわたって開催された。

新宿御苑でも毎年行われる

〈内藤トウガラシ〉の栽培やイベントは、発祥の地・新宿御苑でも開催されている。

ゴールデンウィークには、「花・野菜市場 in 新宿御苑」で、新宿ゆかりの野菜として、「マイルドな辛みと昆布だしのような旨みが特徴」と、内藤トウガラシを紹介。苗の販売所では、来園者たちが育て方や料理法などを熱心に質問する姿や、外国人が興味深げに立ち止まる姿が見られた。トウガラシの苗のほかにも、江戸東京野菜や、「内藤とうがらし煎餅」「とうがらしクレープ」といった〈内藤トウガラシ〉の加工品の販売も盛況で、トウガラシをイラストにあしらったトートバッグも販売されていた。

秋には、先に紹介した「新宿内藤とうがらしフェア」の中心拠点として、展示会、セミナー、相談会、紙芝居、加工品の販売が行われている。

園内のレストランではイベントの開催日に限らず、〈内藤トウガラシ〉を使ったさまざまなメニューが提供されている。

内藤トウガラシと世界の料理

新宿区立大久保小学校では、4年生の総合学習で〈内藤トウガラシ〉の栽培に取り組んでいる。葉トウガラシを収穫し、全校生で食べるための給食プロジェクトも進めてきた。

２０１０年には、地元の老舗和菓子店「新宿岡埜栄泉」とコラボレーションして、学校で栽培した〈内藤トウガラシ〉を使ったお菓子「内藤とうがらしそばまんじゅう」などを共同開発。饅頭の皮にトウガラシがちりばめられ、生地に練り込んだトウガラシと餡の上品な甘さがマッチして、奥深い味の逸品に仕上がった。

同校の地域には、韓国をはじめとする外国の飲食店が多く、韓国、中国、台湾、フィリピン、タイなどの国と関わりのある児童も多い。校内には世界の標準時が示される世界地図があり、廊下に掲示してある学校だよりは、日本語、タガログ語、韓国・朝鮮語、中国語、英語、タイ語、スペイン語の７か国語で書かれている。

この国際的な小学校の４年生の授業に呼ばれて話をしたところ、みんなよく江戸東京野菜の名前を知っていて、質問攻めにあった。インターネットで検索をするほか、『江戸東京野菜』〈物語編・図鑑篇〉（農文協）を熟読してくれているようだ。４年生は、収穫したトウガラシを使って、韓国、フィリピン、タイ、イタリアといった世界の料理にもチャレンジするなど、世界の食文化を学ぶすばらしい取り組みをしている。

このほか、牛込第一中学校と東京韓国学校中等部が、韓国料理店妻家房の協力を得て、〈内藤トウガラシ〉と韓国の唐辛子を使って、共同でキムチ作りをしたこともあった。

江戸っ子の舌を喜ばせた〈内藤トウガラシ〉が、子どもたちや地元の人の手で再び栽培されはじめ、さまざまな国の料理に使われながら、令和の人々を楽しませている。新宿での精力的な活動は、多くのサポーターを引き寄せながら、まだまだ広がっていきそうだ。

4　都庁の御膝元で栽培――〈内藤カボチャ・角筈カボチャ・淀橋カボチャ〉

「ホクホク」に負けた「ねっとり」

〈内藤トウガラシ〉と同じく、現在は新宿御苑になっている内藤家の下屋敷で、江戸時代に作り出されたのが〈内藤カボチャ〉である。当初、内藤家の屋敷は広すぎて、そのほとんどが畑だったので、トウガラシとともにこのカボチャも栽培され、地場の野菜となった。

内藤家の屋敷は大政奉還により政府の管理下に置かれ、明治に入って、1872年（明治5）、近代農業の振興のための内藤新宿試験場になった。同じころ、周囲の市街地化が進んだことから、〈内藤カボチャ〉の主産地は甲州街道沿いの角筈《つのはず》に移り、「角筈カボチャ」と呼ばれるようになる。さらには、角筈の北にあたる青梅街道沿いの淀橋《よどばし》地域でも作られるようになり、こちらは「淀橋カボチャ」と呼ばれた。

〈内藤カボチャ〉は、「花落ち」（ヘタの反対側）側から見ると、菊の花のような形をしていることから、「菊座カボチャ」とも呼ばれる日本カボチャのひとつだ。思わず絵筆をとりたくなるような、武骨で存在感のある姿をしている。収穫してすぐは濃い緑色だが、熟すると赤みがかった黄色に変化し、日を追うごとに表面が白い粉をふいたようになる。

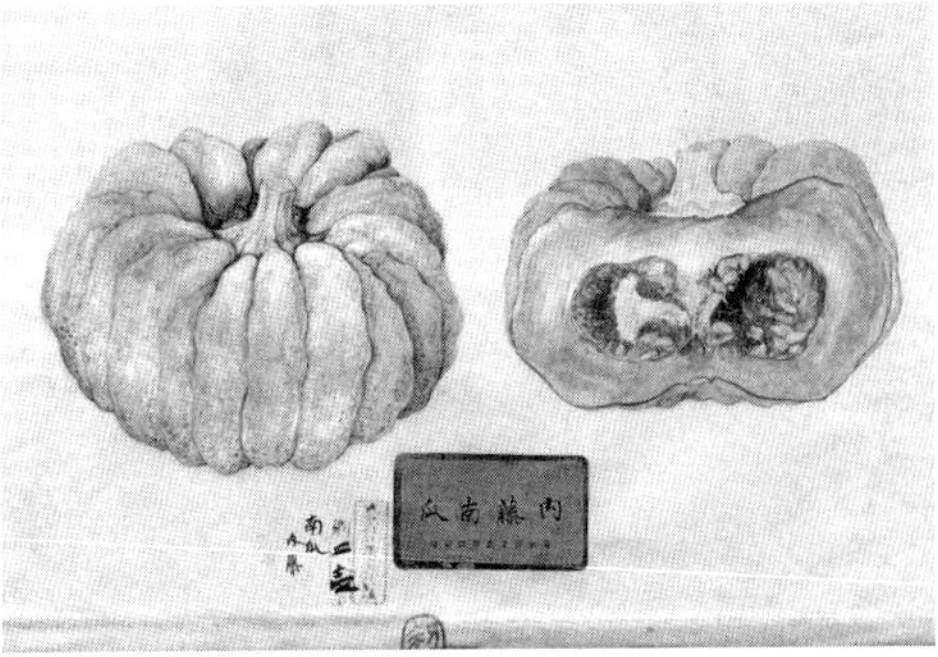

内藤カボチャの細密画（東京都農林総合研究センター所蔵）

日本カボチャは西洋カボチャに敗けて、最近はスーパーでも見かけなくなってしまった。食べたときの味はそれぞれ「ねっとり」の日本カボチャ、「ホクホク」が西洋カボチャと違いがある。つまり、日本人の食味が変わって「ホクホク」を選んだのだ。

新しい料理法が生まれた

野菜は、食べられなければ、作られなくなってしまう。そして、日本カボチャは、大正時代に描かれた絵

（199頁参照）で、その姿を見るばかりというのでは、いくらなんでも寂しすぎる。それで、希少作物である日本カボチャの食べ方を提案してほしいと、江戸ソバリエ認定委員長のほしひかる先生を通して、料理研究家の林幸子先生（江戸ソバリエ）にお願いした。

そして2014年9月、江戸ソバリエ・江戸蕎麦料理研究会として、生産者や食に一家言をもつ研究家、記者など総勢11人が、南青山の林先生の「アトリエグー」に集まった。〈内藤カボチャ〉を提供してくれたのは、小平市の生産者、岸野昌さんだ。

林先生が作ってくださった内藤カボチャ料理は「鶏ささ身の蓑揚げ」「内藤カボチャのケンピ」「かけ蕎麦　内藤カボチャのすり流し」など。

なかでも、「かけ蕎麦」は、鰹出汁に天然塩と薄口醤油でそば汁を作り、ミキサーにかけた〈内藤カボチャ〉をそば汁に流すというもので、西洋カボチャとは肉質が異なることを活かして考案されたものだった。

西洋カボチャだと甘すぎてトロみが付きすぎ、ブツブツ感が出るのだが、〈内藤カボチャ〉はデンプン質が違うことから、ミキサーにかければ裏ごしなしで使え、トロみも少しだけ出る。茶碗蒸しによし、プリンによし、ピクルスにしても舌触りが滑らかでおいしい。

さらに、「甘みが薄いので、薄く切ってさらせば、サラダで生で食べられる」「鰹節と昆布の旨味を生かせるカボチャなので、冬瓜《とうがん》と同じ扱いで使える。タネの周りのワタも、使えそう」と創作料理の達人ならではの発想を披露してくれた。

この研究会からまもなくして、〈内藤カボチャ〉は江戸東京野菜に登録された。

都庁近くで栽培されていた

〈内藤カボチャ〉が江戸東京野菜に登録されたので、地元で栽培してくれる小学校を探そうと思った矢先に、新たな出会いがあった。

新宿区教育委員会から「栄養士さんに地元ゆかりの伝統野菜の話をしてほしい」という依頼があり、お話しにうかがったところ、区立西新宿小学校の鈴木富雄副校長が、同校で栽培したという〈内藤カボチャ〉を持って来られた。さっそく西新宿小学校を訪問したところ、西新宿小学校では、2014年（平成26）から、清水仁校長が地域の伝統を引き継ぐことに力を入れているのだという。そのひとつが〈内藤カボチャ〉の栽培なのだ。

そして、市場では西洋かぼちゃが主流で、ゴーヤなどウリ科の作物が近隣地で栽培されていると交雑しやすいこと。交雑すると〈内藤カボチャ〉特有の形や肉質が変わってしまうこと。あわせて歴史や特徴、調理法、新宿の伝統野菜のことなどを説明した。

同校では5年生によって、調べ学習の一環として〈内藤カボチャ〉の栽培が受け継がれている。栽培指導には、用務職員の田崎修男さんと小笠原秀二さんがあたられ、初めての

表面に溝がありシワの多い内藤カボチャは、日本カボチャの代表品種

カボチャの栽培に苦心された。学校図書館支援員の小野里尚美さんが、江戸東京野菜やカボチャの関係書を集めて、子どもたちが勉強しやすいようにサポートしていた。

２０１６年（平成28）１月には、翌年度に栽培に取り組むことになる４年生をランチルームに招いて、５年生がプレゼンテーションを行うというので、保護者とともに招待され、発表をほほえましく見守った。

その日の午後から、新宿駅西口広場のイベントコーナーで行われた「消費生活展」（新宿区・新宿区消費生活展実行委員会主催）のステージでも、５年生の皆さんが「江戸東京野菜を広めよう！」の発表を行った。４年生に行ったプレゼンと同じように、クイズや寸劇などがあって、会場には笑いや拍手が巻き起こった。会場にブースを出していた団体の方も、野菜を販売していた淀橋市場の皆さんも、西新宿小のみんなのステージを囲んで、感心しきりだった。この発表は、児童たちの自信にもつながるいいステージで、私にとっても、今後、江戸東京野菜の取り組みを広めていくうえでのよいヒントになった。

東京都庁から３００メートルほどの近さにある西新宿小学校では、２０１８年（平成30）12月から「地域総がかりの教育」を掲げ、地域に学び、地域に愛着をもち、地域に貢献する児童の育成を、保護者や地域の方々とともに進めている。

そんなこともあってか、カボチャの収穫を終えて、地域での紹介活動を展開していた児童たちが「小池百合子知事に栽培した〈内藤カボチャ〉と〈内藤トウガラシ〉を届けたい」と希望の声をあげた。東京都の協力を得て、全員で小池知事にプレゼンテーションを行い、手渡すことができた。小池知事も〈練馬ダイコン〉を栽培した経験から児童たちをねぎらい、東京都農林総合研究センターが作り出した、香りのあるシクラメン２鉢を同校へプレゼントした。

２０１９年には、「内藤カボチャは茶碗蒸しやプリンにするとおいしい」と教えたことで、子どもたちからプリン作りの希望が多くあがった。そこで新宿御苑の「レストランゆりのき」の伊藤英雄総料理長にお願いし、〈内藤カボチャ〉のプリンなどの指導を直接受けることになった。自分たちで料理したプリンとピクルスがおいしく食べられたことで、〈内藤カボチャ〉の普及に一段と自信が持てたようだった。

江戸東京野菜の魅力を語る｜5

聞き手・大竹道茂

佐藤勝彦さん

押上よしかつ 店主

下町に開店したもんじゃ焼き店は、いつしか東京産の食材や酒にこだわる店に。独学で料理の道に入り、江戸東京野菜を活かした創作和風料理に腕をふるう

――お会いしたきっかけは〈寺島ナス〉でした

はい。2009年（平成21）に、寺島小学校で〈寺島ナス〉（175頁参照）の栽培が復活したという話を聞いて、地元で盛んに作られていたナスを料理して、お客さんに食べていただきたいと思って、大竹さんに相談したのが江戸東京野菜との出会いです。もともと地場野菜に興味はあったのですが、これほど多くの野菜があるとは知りませんでした。

――江戸東京野菜をメニューに加えるのは難しかったのでは……

〈寺島ナス〉は季節限定の野菜で、入手できる量は限られていましたし、大きさもまちまちです。今までと同じ感覚でいては、江戸東京野菜は使いこなせないと思いました。

そこで、野菜をはじめとする食材、酒、調味料にいたるまで、すべて東京産でかためてはどうか、と考えました。メニューの基本を地場食材満載の料理セットとすれば、1回しか仕入れられない野菜でもメニューにできる、とひらめいたのです。

セットメニューの内容はすべて東京産で、刺身盛り合わせ、豆腐料理、肉料理、漬け物などに「日替わりの一品」が加わります。たとえば〈寺島ナス〉なら、揚げびたし、ステーキ、チーズ焼きなどで提供します。こうすれば、お客さんに、東京でしか味わえないオンリーワンを堪能していただけるのです。

——もんじゃ焼き屋さんからはじめられたとか

飲食の仕事に就きたいと思っていたので、大学卒業後は、まずスーパーに就職しました。鮮魚部門に配属されたおかげで、大きな魚も難なくさばけるようになりました。そして1994年に、墨田区鐘ヶ淵にもんじゃ焼き屋を開店。そこではたと考えたのです。当時、もんじゃ焼きで使っていた材料は、輸入小麦、中国産のキャベツ、具も輸入品でした。地元の食材に目を向けないで、「東京下町の味」といえるのかどうか。とはいっても国産食材を使えば単価が上がり、お客さんから説教をくらってしまう。

悶々としていたところ、墨田区押上の工場跡地に移転することになりました。2001年のリニューアルオープンにあたって、店をがらっと変えることにしました。店内はバリアフリーにして、もんじゃ焼きの小麦粉は群馬県産に、野菜や肉などの食材、調味料も国産品に切り替えました。日本酒のソムリエともいえる唎酒師の資格も取って、日本酒だけでなく、ビールや焼酎もきちんとしたものを出すことにしました。大吟醸でもんじゃ焼きを味わってもらうべく、「居酒屋スタイルのもんじゃ焼き屋」を目指したのです。とはいえ、いまひとつ店の特徴を出しきれないところで、〈寺島ナス〉と出会ったのでした。

――伝統野菜をどんなふうに打ち出していますか

リニューアルから十数年たちますが、もんじゃ焼きと東京の食材が食べられる店として、常連さんが新たなお客さんを連れてきてくださるようになりました。そして、「東京の食材を使う、間違いない店」と太鼓判を押してもらっています。

四季折々の江戸東京野菜をお出ししていますが、大切なことはその野菜にはどういう特徴があるか、どういう料理に向いているかをよく観察することです。〈青茎三河島菜〉をはじめて見たときは、1株のあまりの大きさにびっくりしましたが、これは葉と茎の部分を別々の料理にすることにしました。

これはうちの〝売り〟でもあるのですが、お客さんには料理の仕方や江戸東京野菜の歴史、仕入れ先の生産者のことなどを詳しく説明することにしています。ひとつ一つの食材の〝物語〟を知って食べると、おいしさが違ってくると思うからです。

――どんな店をめざしていますか

いつ来店しても、江戸東京野菜が食べられる店にしたいですね。同時に、食材を作っている方の役に立ちたいです。そのためにも、生産者の方と直にお話がしたくて、週2、3回は早起きして多摩方面の生産者を訪ねたり、いくつかの直売所を回って買い出しをしています。一年中、野菜の走りと旬を追いかけている状態なんです。

内藤とうがらしプロジェクトリーダー

成田重行さん

地域開発プロデューサーとして、全国市町村の活性化を支援した経験を活かし、〈内藤トウガラシ〉を軸として、地元・新宿区の活性化に奔走する

――〈内藤トウガラシ〉の復活栽培は大変でしたね

食をテーマに全国の地域活性化に携わっていたところ、地元・新宿の活性化にも取り組んでほしいと依頼されたのがそもそもの始まりです。そこで歴史の調査を行い、2010年に新宿御苑で展示発表しました。大都会新宿でも、江戸時代には〈内藤トウガラシ〉（189頁参照）などの栽培が盛んだったことを知った方々から、「復活栽培」の声が上がり、「内藤とうがらしプロジェクト」が発足したのです。

〈内藤トウガラシ〉は、一度は栽培が途絶えたトウガラシです。はたしてタネは残っているのだろうか。何年か前の江戸東京野菜の講演会で知り合った大竹さんに相談したところ、茨城県つくば市の農業生物資源ジーンバンクに、八房系トウガラシの原種があることがわかりました。ジーンバンクで分けてもらったわずか数粒のタネは、大竹さんの知り合いの篤農家にお願いして、発芽させ、苗まで育ててもらいました。

次は苗の定植です。じつは私は蕎麦打ちにも興味があって、NHKの趣味の番組にも出演したことがあるのですが、この趣味が高じて、山梨県白州町で畑を借りてソバを栽培していましたので、ここで〈内藤トウガラシ〉を育てることにしました。トウガラシは交雑しやすいので、ネットを張って注意深く育て、1年目は数株のトウガラシが多くの実をつけました。2年目は1年目の実から採種したタネを播いて収穫。3年目、畑一面に実ったトウガラシはようやく姿かたちが落ち着き、房状の実を上向きにつける八房系トウガラシの特徴を示していました。

――文献では、どんな確認をされたのですか

栽培したトウガラシが、「江戸時代の内藤トウガラシと同じか」ということです。

江戸時代の文献を調べると、3人の学者がトウガラシについて書いています。発明家で本草学者でもあった平賀源内が書いた、トウガラシの図鑑『番椒譜』にある「八房」のスケッチ図を見て、まずは安心しました。白州町の畑で栽培したトウガラシと葉脈、

葉の大きさ、実の色、実のかたちが同じだったのです。

さらには医者としてトウガラシの薬効を書いた貝原益軒の『大和本草』『菜譜』の記述、江戸時代末期の本草学者・伊藤圭介の『番椒図説』の絵からも、栽培した〈内藤トウガラシ〉と同じだということを確認できました。

外見は検証できましたが、次なる疑問は「味は同じか」ということです。

江戸時代には現代のような官能検査はありませんが、文献に記された「七色唐辛子売り」の口上にヒントがありました。「江戸は内藤新宿八つ房の焼き唐辛子」とあり、〈内藤トウガラシ〉は香りと風味のため、辛さは「四国高松の唐辛子」で出し、黒コショウ、陳皮《ちんぴ》などを加えて七味トウガラシとしていたのです。畑で実ったトウガラシを検査機関で成分分析してもらったら、旨味成分が多く、マイルドな辛味で、江戸時代のものと同じく、香りと風味に特徴があることがわかりました。こうして「形状」「味」が一致したことから、絶滅した〈内藤トウガラシ〉の復活栽培に成功したと自信をもちました。

復活した〈内藤トウガラシ〉は、2013年に江戸東京野菜に登録され、都内20軒の指定農家で栽培されることになりました。

――そうすると、あとは普及活動ですね

はい。そのためにまず取り組んだのが、区内の小学校の総合学習のテーマとして〈内藤トウガラシ〉を取り上げてもらうことでした。この取り組みは今では15校に広がり、さらには高校、大学、専門学校でも創意工夫をこらした活動に発展しています。

また、新宿伊勢丹、新宿中村屋といった有名店などとコラボして、〈内藤トウガラシ〉の加工品も次々に開発・販売されるようになりました。

6月は葉トウガラシ、7月は青い実、9月は赤い実、そして10月は乾燥させた実と、〈内藤トウガラシ〉には4つの収穫期があります。そこで10月4日を「とうがらしの日」として、毎年10月初めに新宿御苑を中心として「新宿内藤とうがらしフェア」を開催。周囲はトウガラシ色の幟や旗でいっぱいになります。

新宿というと林立する高層ビル、歓楽街の歌舞伎町、大都会の雑踏というイメージがありますが、それだけではなく、歴史を物語る地元生まれの特産品もあることをもっと発信していきたいです。

第6章　サポーター広がる

1　応援団ができて復活！——〈亀戸ダイコン〉

茎の白さに「粋だネ！」

白くきめ細やかな肌の〈亀戸ダイコン〉はその昔、葉先がお多福のように丸みをおびているることから、「おかめ大根」「おたふく大根」と親しみをこめて呼ばれていた。このダイコンを市場などに出すと、「どこのダイコンだ？」と聞かれるので、「亀戸だ」と応える。「亀戸のダイコンか？」「そうだ」というやり取りから、〈亀戸ダイコン〉の名がついたといわれている。

鈴木藤一さん。代々タネを受け継いできた

根は30センチほどと短く、先がクサビ状に尖っているのが特徴だ。春先に最初に出回る青物として喜ばれ、早いもの好きの江戸っ子は競って買い求めたという。葉から根まで柔らかく、浅漬けやみそ汁の具などにおおいに利用された（口絵②）。

栽培が始まったのは、江戸末期の文久年間（1861〜64）、亀戸の香取神社周辺と伝えられる。もともと関西で栽培されていた「四十日《しじゅうにち》大根」に似ていることから、摂津から持ち込まれたダイコンがもとになっているのではないか、といわれている。というのも、前述したように江戸の人々に新鮮な野菜を供給するため、幕府は亀戸の南の砂村（現在の江東区北砂・南砂）で遠浅の海岸線を埋め立てる干拓を行い、このときに摂津から農民を呼び寄せたので、このときに伝わったと考えられているのだ。

しかし明治になると、江東区一帯は都市周辺の近代工業地帯として発展し、農地は工場用地にとって代わった。地元での亀戸ダイコンの栽培はとだえ、産地は周辺に移った。栽培が難しい、揃いが悪いなどの理由から、市場への出荷量も激減していった。

江東区から中川をさかのぼった葛飾区高砂《たかさご》で、〈亀戸ダイコン〉を栽培していた鈴木藤《とう》一《いち》さん（昭和3年生まれ）が生前にこんな話をしてくれた。

「もともと茎の色は他のダイコンとおなじように薄緑色でした。それが、曾祖父の時代に突然変異で純白の亀戸ダイコンが生まれたんです。珍しいことからそれでタネを採り、翌年、収穫したダイコンを市場に持っていくと、白好みの江戸っ子が「粋だネ！」と、3倍もの値段で買ってくれたんです。食べると、茎ばかりか根の部分もやわらかくおいしいので、それから、白茎の大根の選抜を繰り返してタネを採り、固定させて、亀戸ダイコンといえば「美しい白茎のダイコン」といわれるようになったんです」

ふつうダイコンの茎には、害虫から身を守るための細かなトゲがあるが、白茎になったことでトゲがなくなり、すべすべになった。これが〈亀戸ダイコン〉の特徴となっている。

商店街の若手が立ちあがる

JA東京グループでは農業協同組合法施行50周年を記念して、1997年（平成9）から順次、東京の農業の歴史を伝える「江戸東京の農業」の屋外説明板を50本設置したことは前にも書いた。このうち、まち興しのきっかけとなったのが、江東区の亀戸香取神社境内の「亀戸大根」の説明板だった。

この農業説明板に注目したのが、地元商店街の若手リーダーたちだ。設置の翌年の1998年には「かめの会」が立ち上がり、〈亀戸ダイコン〉をよみがえらせ、地域のシンボルにするための活動を開始した。

農地のまったくない現在の亀戸で、栽培を復活させるのは容易ではない。そこで「かめの会」では、小中学校の校庭に野菜を栽培できる花壇があることに注目、栽培の協力を求めた。PTAなどの伝手をたどって、小学校6校と中学校1校にタネを配布し、栽培指導は鈴木藤一さんに依頼した。これらの学校では、20年以上たった現在も〈亀戸ダイコン〉の栽培が引き継がれている。早春の収穫に向けて晩秋にタネを播くことも、学校行事としてすっかり定着した。

また、JR亀戸駅では上りホーム脇に畑を作り、「亀戸大根　かめの会」の看板をかかげて〈亀戸ダイコン〉を栽培している。毎年、年明けから春先にかけて、東京方面にお勤めの方は、出勤途中にダイコンの生育のようすを車窓から眺めることができる。

学校や「かめの会」だけではない。亀戸駅の駅ビル「アトレ」8Fの菜園ゾーンにも、ビルのスタッフによって亀戸ダイコンが栽培され、採種までされているという。さえぎるものがない屋上で、陽の光をたっぷり浴びて、おいしいダイコンだけでなく、丈夫なタネがたくさん採れているようだ。

毎年栽培してタネを採る

江戸東京野菜の大きな特徴は固定種であることだ。

毎年畑で野菜を作り、花を咲かせて受粉させ、タネを採る人がいなければ、その野菜はとだえてしまう。前出の鈴木藤一さんの家では、江戸の昔から代々にわたって〈亀戸ダイコン〉を栽培し、周囲の農家が作らなくなっても、昔ながらの方法で白茎のダイコンを栽培し、タネを採り続けてきた。一口に「タネ採り」というが、この作業にはたいへんな苦労がともなう。

タネを採るために〈亀戸ダイコン〉の花を咲かせても、近くの畑で他の種のダイコンの花からやってきたチョウやミツバチにいたずらされて、昔の薄緑色の茎のダイコンのタネになってしまうこともある。そこで周辺では〈亀戸ダイコン〉以外の花を咲かせないよう注意し合うようになったが、最近はあちこちに家庭菜園が増えていることもあり、毎年気が抜けないという。

鈴木さんはダイコンの播種に、2年前に採種したタネを使っていた。前年のタネだと元気がよすぎて、葉っぱが伸びすぎ、バランスが悪くなるからだ。丸みをおびた葉はあまり

ハウス栽培が主流になり、「よしず栽培」は見られなくなった

長くならないほうが美しいので、密植栽培をして葉が短くなるように育てている。

採種用のダイコンはその年に作ったなかから、全体のバランスを見ながら選抜する。他のダイコンの茎はほとんど薄緑色だが、亀戸ダイコンは茎が純白であればあるほど上物なので、選抜したなかでも特に茎が純白のものを選んで、埋め戻して採種用にしている。

もうひとり、荒川をはさんで江東区の東隣に位置する江戸川区鹿骨《ししぼね》で〈亀戸ダイコン〉の栽培に取り組む木村重佳《しげよし》さんは、鈴木さんの教えを受けて、２００７年から毎年12月に2回に分けて５０００を超えるタネを播いている。

鈴木さんのよしず栽培（越冬栽培。防寒のため畝の北側によしずの片屋根をかけて行う）

の時代には、収穫の最盛期は3月頃だったが、ビニールなどの園芸資材の普及で栽培期間も延び、11月から5月の連休のころまで食べられるようになった。同じ鹿骨の中代正啓《まさひろ》さんも、就農してから3年目の2011年から、木村さんに勧められて栽培している。

定着した「収穫祭」と「福分けまつり」

亀戸香取神社の「江戸東京の農業」の説明板を読んで、地元の老舗割烹「升本」（1905年創業）の塚本光伸社長が、1999年（平成11）、「亀戸大根之碑」を寄進した。升本は「亀戸大根あさり鍋」や「亀戸大根たまり付け」などのメニューを開発し、〈亀戸ダイコン〉を味わえる店として、お客さんを引きつけている。

「かめの会」の頑張りや、地元の人々の協力があって、亀戸香取神社では1999年から、毎年3月に「亀戸大根収穫祭」と「福分《ふくわ》けまつり」が催されている。

収穫祭は、当初は地元の小中学校の児童・生徒が参加して行われたが、今では幼稚園も加わり、年々拡大している。JR亀戸駅、駅ビル「アトレ」、そして東武鉄道亀戸駅なども、子どもたちと一緒に収穫したばかりの〈亀戸ダイコン〉を持ち寄って奉納。これを受けて、香取邦彦宮司が「亀戸大根之碑」の前で祝詞の奏上を行う。式典が終わると、神楽殿で地元に伝わる「水神太鼓」が鳴り渡り、「福分けまつり」がはじまる。

祝詞とともに奉納される亀戸ダイコン

「福分けまつり」では、「お多福大根」の福を善男善女に分け与えるため、参拝者に〈亀戸ダイコン〉の入った「福分け味噌汁」や「亀戸大根まんじゅう」が振舞われるほか、木村さんや中代さんによって収穫された300本の〈亀戸ダイコン〉が配布される。福分けのダイコンを持ち帰った人は、味噌汁に入れたり、浅漬けにしたりして、家内安全・無病息災を祈っていただくのである。

3月に行われる収穫祭と福分けまつりは、地元に定着した行事となった。〈亀戸ダイコン〉の栽培が小学校ではじまった1998年当時、4年生だった小学生は、今では30歳を超えて親の世代になっている。〈亀戸ダイコン〉は地元の人々の努力のおかげで、伝統野菜として復活を遂げただけでなく、食文化として確実に継承されるようになった。

2　人から人に託す――〈砂村三寸ニンジン〉〈馬込三寸ニンジン〉〈滝野川大長ニンジン〉

ニンジンのルーツはアフガニスタンで、そこからシルクロードを経て中国から日本に入ったのが「東洋系の長ニンジン」で、アフガニスタンからトルコ経由でヨーロッパに向かったのが「西洋系の短根ニンジン」である。江戸のニンジンは「滝野川ニンジン」に代表される、橙色の長い「東洋系の長ニンジン」が主流だった。

この「滝野川ニンジン」は長さが80センチにもなるため収穫がたいへんで、明治時代になると、作業軽減などのために、オレンジ色の短いタイプのタネが輸入され、〈砂村三寸ニンジン〉が生まれた。一方の〈馬込三寸ニンジン〉は、この〈砂村三寸ニンジン〉と神奈川県川崎市で改良された「川崎三寸ニンジン」を交配して、大正初期に生まれたものだ。どちらも三寸（10センチ）前後と短く、そのかわいらしい姿と、特有の甘さが再び注目を集めている。

江東区生まれの「砂村三寸ニンジン」

「砂村三寸ニンジン」の誕生については2つの説がある。

ひとつは、明治政府により開設された内藤新宿試験場（現在の新宿御苑）で、フランスから輸入した「短根ニンジン」のタネを播種、砂村（現在の江東区北砂、南砂）で選抜淘汰を繰り返して固定したことによって、日本の気候風土に適した「砂村三寸ニンジン」が生まれたという説。もうひとつは『江東区史』に記されている説で、明治20年（1887）頃に横浜から伝わったタネを、砂村で栽培したことから始まったという説だ。

いずれにせよ、長ニンジンから三寸ニンジンへと栽培を切り替えたことで、農家の労働は軽減されたものの、面積あたりの収穫量は6〜7割まで落ち込み、収入が減ってしまった（そのため長ニンジンの栽培は1960年代はじめまで続くことになる）。しかし独特の甘さが根強い人気となり、また初夏と秋の1年に2回収穫できることから、江戸川、江東、足立、葛飾、大田区などでも栽培されるようになって、やがて東京周辺にも普及していった。

だが、〈砂村一本ネギ〉と同じく（183頁参照）、〈砂村三寸ニンジン〉も、都市化の波には抗えず、やはりいったんは姿を消してしまい、「幻のニンジン」となっていた。

復活させるなら、ゆかりの地で栽培するのが望ましい。そこで、旧砂村地域の学校を調べてみると、当地で〈砂村三寸ニンジン〉が作出された頃に、砂村尋常小学校が開校（1891年）していることがわかった。現在の江東区立砂町小学校である。さっそく山崎修司校長先生にお願いしたところ、トントン拍子に話が進み、5年生によって栽培されることとなった。

肝心のタネは、農業生物資源ジーンバンクに問い合わせて、保存されていることは確認していたが、分けてもらえる量は規定により、わずか1グラム。貴重なタネなので、栽培にあたっては、砂村生まれの農家・関口隆雄さん（JA東京スマイル理事）にお願いして、栽培指導をしていただくことになった。

砂村三寸ニンジンは、やはり三寸（約9cm）

２０１０年（平成22）8月、砂町小学校5年生によって、最初の播種が行われた。このとき5年生は66人。1グラムのタネだけでは、全員で播くには少ないので、ほかに「五寸ニンジン」「大長ニンジン」のタネも一緒に播いた。

暮れから年明けにかけて、給食で五寸ニンジンなどを食べながら、生徒たちは授業でニンジンの変遷などを学んだ。そして翌年の3月初旬、水やりなどをしてきた5年生が、ポットに植えられた五寸ニンジンと長ニンジンを収穫した。

だが、この年は肝心の〈砂村三寸ニンジン〉は収穫しなかった。さらに栽培を続けて花を咲かせ、タネを採るためだ。たくさん採れたタネを新6年生から新5年生が引き継いで、開校120周年に花を添えるという計画である。

給食には、生徒たちが栽培した「五寸ニンジン」「長ニンジン」のほか、学校でうまくいかなかったときに備えて栽培をお願いしていた関口さんが、自宅で育てた〈砂村三寸ニンジン〉を提供してくれたので、ニンジンご飯などにして食べた（口絵⑭上中）。

9月になると、都立園芸高校の横山修一先生から「砂村三寸ニンジンの採種をしてありますが、いかがしますか！」とのメールが入った。砂町小学校の栽培で使ったタネの一部を、もしものことを考えて、横山先生にお願いし、同校の「江戸東京野菜プロジェクト」にも採種を依頼していたのだ。

このタネを使って、2011年、江東区立第四砂町中学校でも復活栽培に取り組むことになった。時期としては少し遅いので、早く播種する必要があると伝えておいた。また、栽培指導は、砂町小学校に続いて、関口隆雄さんにお願いすることになった。

学校の場合、太陽が一日中当たるところは意外に少ない。2階職員室のベランダが管理し易いということで、そこに深型ポットが2つ置かれた。生徒たちが用土と赤玉を混ぜ、男子生徒と女子生徒が分かれて、タネ播きが行われた。

大田区生まれの〈馬込三寸ニンジン〉

「馬込」の名がつく江戸東京野菜には〈馬込半白（節成《ふしなり》）キュウリ〉（158頁参照）と〈馬込三寸ニンジン（馬込大太《おおぶと》三寸ニンジン）〉がある。どちらも現在の大田区馬込地区で生まれた野菜だ。大田区西馬込には、「馬込大太人参　馬込半白節成胡瓜　発祥の地」と刻まれた石碑があり、「馬込大太三寸人参の由緒」として、石碑の裏に次のように記されている。

古来、馬込の周辺では、砂村三寸と川崎三寸（西洋種）が栽培されていたが西馬込の篤農家河原清吉氏らにより、砂村三寸と川崎三寸を交配して、それぞれの長所を受け継いだ、大形で形・色のよい人参に改良され固定された。

昭和25年、大森東部農協（組合長　高橋正夫氏）が『馬込大太三寸人参』の名称で農林省に種苗登録し以後、馬込の特産品となった。

農協では農家が採種した種子を買い上げ、宮内庁の三里塚牧場をはじめ、全国に販売した。また、この時期を境に人参栽培は急速に普及した。

馬込で人参栽培が盛んであったのは、昭和38年頃までで、農地の宅地化とともに徐々に減少した。

碑文には、昭和38年（1963）の段階で「徐々に減少した」とあるが、高度経済成長を迎えた東京で、多くの野菜が消えていき、現在、大田区馬込地区で〈馬込三寸ニンジン〉を栽培する農家は、わずか1軒となってしまった（口絵⑬）。

その一方で、「なんとか残したい」という思いでタネを受け継いでいく人々もいる。次は、そんな方々の話である。

〈馬込三寸ニンジン〉のタネ、東大へ

2013年（平成25）の暮れ、江戸東京野菜コンシェルジュ育成講座の講師をお願いしている、国立公文書館つくば分館に勤める阿部希望さんから、メールをいただいた。

大田区の郷土史研究家・樋口和則さんから、「馬込で代々「馬込半白（節成）キュウリ」の種子を採り続けてきた河原雅春氏が昨年亡くなり、引き続き採種し、保存する方がいなくて困っている。また、「馬込大太三寸ニンジン」の栽培農家も、高齢化の中で今後種子を受け継いでもらう方を探しているのだが、江戸東京・伝統野菜研究会で引き継ぐことはできないか」というものだった。

貴重な遺伝資源を引き継ぐことは簡単なことではない。だが、誰かがやらねばならないことだけに、研究会として「やらせていただく」と、阿部さんに返信した。

その後、2つのタネを託されている樋口さんと連絡が取れ、西馬込でお会いした。そして、これまで継続的に採種し続けた方の労苦や思いを受けとめるには、専門的な機関に託すことが最善であると話した。2、3の機関を候補に挙げて、「採種の継続」と「希望者への種子の配布」をしてくれるように交渉することを約束して、タネをお預かりした。

だが、専門機関のひとつ、農業生物資源ジーンバンクからは、「2つの品種ともすでに所有している」ということで断られてしまった。もうひとつの候補が、東京大学である。

江戸東京野菜コンシェルジュの手島英敏さんが、大学院の技術専門職員であることから、寄贈について相談していた。そして、お預かりしてから1か月ほどたって、生態調和農学機構から受け入れ手続きが整ったという連絡が届いた。

預かっていたタネは冷蔵庫で保管していたが、当日はクーラーボックスに入れて、機構長あての「東京の伝統野菜「馬込半白節成胡瓜」と「馬込大太三寸人参」の種子の寄贈について」という文書とともに、西東京市にある生態調和農学機構に持参した。同機構を代表して、生物・物質循環研究領域・河鰭実之《かわばたさねゆき》教授が、受けとってくださった。

公的機関には、もう一か所、東京都農林総合研究センターに望月龍也所長を訪ね、「馬込半白（節成）キュウリ」と「馬込大太三寸ニンジン」の種子を寄贈させていただいた。「馬込半白（節成）キュウリ」の故河原雅春氏、「馬込大太三寸ニンジン」の河原良助氏、ともに先人の思いと労苦の結晶を守り継いできたお2人の志を、2つの機関につなぐことができた。喜んでいただければ何よりだ。

香りがよく、甘い

2018年（平成30）1月、私も欠かさず見ているテレビ番組、日本の食材を扱う「食彩の王国」（テレビ朝日）で、「江戸東京野菜」が取り上げられた。フランス料理の三國清三シェフの提案によって実現した企画だ。番組で三國シェフが畑を訪れることになったため、馬込の波多野惇さんの畑にご案内することになった。

波多野さんは東京都農業祭に、毎年〈馬込三寸ニンジン〉を出品している方で、本場の馬込でこのニンジンを栽培しているのは、現在、波多野さんただ1人。孤軍奮闘なさっている方だ。

〈馬込三寸ニンジン〉は、三寸ニンジンの名前どおり長さは10センチほどで、形はずんぐりむっくり。畑で抜いた三國シェフは、これを見て「僕みたいだ」と、つぶやいた。そして、かじってみて「香りがよい」「甘い」と顔をほころばせた。

オテル・ドゥ・ミクニでは、香りがよくてほどよい甘みのある〈馬込三寸ニンジン〉をよく使うそうだ。撮影では、ニンジンの葉と昆布の出汁をミキサーにかけて、香りの強いグリーンの濃厚なソースが作られた。三國シェフは、「この馬込三寸ニンジンを、外国から来るお客様に食べさせたい」という。

今では知らない人のほうが多い東京の味、滝野川大長ニンジン

波多野さんの栽培する〈馬込三寸ニンジン〉は、西馬込駅の近くの手打ち蕎麦「はた野」で、ニンジンを練りこんだ季節の変わり蕎麦として、また和菓子「わたなべ」で、餡にニンジンを練り込んだ饅頭として味わうことができる。

〈滝野川大長ニンジン〉の復活

本節の冒頭でふれた「滝野川ニンジン」は、今から70～80年ほど前までは、市場でもふつうに見かけることができた。香りが強く、正月のおせち料理には欠かせない野菜だったが、根が1メートルにもなるため育てにくく、短根で育てやすい西洋種に取って代わられてしまう。そして、昭和初期には純粋種は絶滅してしまった。

この「滝野川ニンジン」を、神奈川県川崎市万福寺《まんぷくじ》地区の農家が改良したと伝えられるのが「万福寺大長《おおなが》ニンジン」である。写真を見せると、たいていの人はその長さに驚きの声を上げる。それだけに、「滝野川ニンジン」が東京から消えたのは非常に残念なことだった。

江戸東京野菜として2015年（平成27）に登録された〈滝野川大長ニンジン〉は、純粋種ではなく、滝野川ニンジンと札幌大長ニンジンとの交雑種である「万福寺大長ニンジン」が、滝野川ニンジンの遺伝子を残す固定種として認定されたものだ。現在は、〈滝野川ゴボウ〉を栽培している小平市の岸野昌さんと、練馬区の渡戸秀行さんが栽培してくれている。

〈滝野川大長ニンジン〉が、再び東京の正月を彩る日も遠くはないはずだ。

3　目黒のタケノコと子規の恋――タケノコ

江南竹から孟宗竹に

目黒というと「サンマ」といわれるが、それは落語のはなし。意外と知られていないのが、目黒は、実は「タケノコ」(孟宗竹) の特産地だったということだ。

この地にタケが植えられるようになったのは、安永年間 (1772―81) のこと。幕府御用の回船問屋を営んでいた山路治郎兵衛勝孝が、戸越村 (現在の品川区戸越) に別邸をもうけたとき、近隣には特別な産物もなく貧しい農家が多かった。「人々の生活が楽になれば……」という思いで、勝孝が薩摩から3株を入手したのが、孟宗竹。この種竹を移植したところ、地味《ちみ》に合ったのか、地域には立派な竹林ができて、「戸越のタケノコ」として知られるようになった。村人たちの生活が潤ったのはいうまでもない。竹林は戸越から小山、中延、目黒にまで広がり、一帯はタケノコの一大産地となった。

この中国原産の孟宗竹を日本に取り入れたのは、薩摩藩第四代藩主の島津吉貴である。琉球と交易するなかで、揚子江下流の江南地方に大きなタケノコが出る太いタケがあることを知った吉貴が、琉球を通じて、1736年 (元文元) に、2株を取り寄せたのがはじまりである。このタケを島津家の別邸・仙巌園に「江南竹」として植えたものが、現在、みごとな竹林となっている。

薩摩では「江南竹」と呼んだが、幕府に献上されて天保の頃には「孟宗竹」と呼ばれるようになった。中国のタケと聞いて、儒学の教え「二十四考」の一人、真冬に母親にタケノコを食べさせた孝行息子の「孟宗のタケ」と呼ばれるようになったという。


戸越の近くには、日本三大不動尊のひとつで、江戸っ子の篤い信仰を集めた目黒不動尊（瀧泉寺）がある。この門前の料理屋が春先に、戸越で採れたタケノコを使ったタケノコ飯を食べさせたことから、一躍「目黒のタケノコ」として、江戸市中に聞こえるようになった。季節になると遠方からもお参り方々、タケノコを食べに来る人が増えた。また、植木職人が観賞用としても広め、大名庭園などに植栽されるようになっていったという。

孟宗竹のタケノコは大ぶりだ。勝孝は収穫したタケノコを竹かごに入れ、馬に振り分けにして積んで、とにかく人目に付くようにして戸越から神田市場へ運ばせた。マダケのタケノコしか知らない江戸っ子に大きなタケノコを見せつけて、話題にしようとしたのだ。神田多町の青物問屋・紀伊国屋に出荷したという。

やがてタケノコの食感は人々の舌をとらえ、年ごとに消費が拡大していった。初物好きの江戸っ子向けに、促成栽培も行われるようになったが、天保の改革（1841～43）でタケノコの早出しは禁じられてしまった。

目黒でタケノコ栽培がもっとも盛んだったのは大正時代である。「太く、柔らかく、おいしい」と三拍子揃った「目黒のタケノコ」は、この頃に確立された「目黒式孟宗竹栽培法」という独特の技術によって栽培された。それは、いちど掘り起こした地下茎をタケノコが出やすいように埋め直して、肥料を施す方法で、目黒の土に合ったやり方だった。

京都からタケノコを取り寄せている割烹の主人などからは、「こんなバカでかいんじゃ！」とあきれられたが、これが江戸東京のタケノコというものだ。加賀野菜のタケノコは、加賀藩の足軽が江戸から持って来た、と加賀の地では語られているが、これも大振りのタケノコだ。

子規とタケノコ

2018年4月から8月にかけて、目黒区立めぐろ歴史資料館の開館10周年を記念して、「目黒のタケノコ――竹がもたらすもの」という特別展が開催された。ここの学芸員である横山昭一さんが、私のブログ「江戸東京野菜通信」を読まれて、「タケノコについて話をしてほしい」と、わざわざ訪ねて来られた。

私も高校2年までは目黒で育ったので、「目黒のタケノコ」も、昔から聞いていた話だった。姉と兄が通っていた目黒区立中目黒小学校は、1901年（明治34）創立だが、当時はタケノコ栽培が最盛期を迎えていたので、校章はタケノコだった、など「目黒・タケノコ談義」は尽きなかった。

特別展で、横山さんは学芸員として、江戸時代に目黒がタケノコの産地として有名だったことや昭和の初め頃まで栽培されていたこと、目黒のタケノコ栽培法の特徴、歴史的変遷などを解説したほか、建築資材から箸などの日用品にいたるまで、竹を素材とした物を紹介された。

中目黒小学校の校章

ここで私は、文学作品に取り上げられた「目黒のタケノコ」についてお話をさせていただいた。一句は正岡子規、もう一句は高浜虚子のものである。

筍や　目黒の美人　あるやなし　　子規

これは、子規が古島一雄（古洲）宛ての書簡に書いた句である。子規の『病牀六尺』には、「明治二十七年春三月の末でもあつたらうか」として、この句にまつわる次のような思い出を記している。

――子規が2歳年長の先輩、古島一雄に誘われて、目黒の牡丹亭とかいう店に行ったときのことである。注文したタケノコ飯を持ってきて給仕してくれたのは17、18歳の娘だった。あふれるばかりの愛嬌のある顔に、どこか子どもっぽいところがあって、「余は古洲にもいはず独り胸を躍《おど》らして居つた」とある。

タケノコ飯については何も書いていないが、帰りは歩いて品川に出ることになり、その娘が、送っていくと小提灯を持って道案内をしてくれた。藪のある寂しいところで、ここから田圃道をまっすぐに行くのだと教えられて、小提灯を渡される、その時娘は、ちょっと待ってといって、暗闇の中で小石を拾って来て、小提灯の中に落として、「さやうなら御機嫌宜《よろ》しう」といって今来た道を闇の中に消えた――。

小石を小提灯の中に落としたのは、おまじないではない。この先、私の代わりネ、とでもいったようにも思える。

あの日のことは忘れることができない、と子規は古島に宛てた手紙に書いていて、そこにこの句が添えられていた。手紙が書かれたのが明治35年5月。あの子はもう25、26歳になるが、嫁にいったか、それとも店にいるのか。気になる思いをさり気なく古島に伝えたかったようだ。

手紙から4か月後の9月19日、子規は34歳で亡くなった。識者は「生涯にわたって女性の影もないといわれた子規の数少ない女性のエピソードでもある」と教えてくれた。

1951年（昭和26）7月23日、子規の五十回忌に、87歳の古島と虚子が子規を偲んで語り合った談話がある（『子規全集』別巻2所収）。これを読んで、解ったことがある。「筍飯」を食べた店は「牡丹亭」とあるのだが、調べても角伊勢、大黒、大国家、内田屋はあるが牡丹亭は見当たらない。早々に廃業してしまったのかと思っていたが、古島は店の前に「牡丹が咲きかけていた」という。それで子規は、店の名前を牡丹亭としたようだ。

1923年（大正12）3月、目黒と丸子の間に目黒蒲田電鉄（現在の東急目黒線）が開通し、9月には関東大震災が発生した。これ以降、目黒や品川の竹林は、被災者の住宅用地などにするための開発が進み、昭和の初め頃までは生産されていたが、タケノコの産地は世田谷から城北方面へ、さらには三鷹から多摩地区へと移転してしまった。

古島の話を聞いた虚子は、竹林もなくなり、子規との思い出も遠い昔になってしまったことを、昭和29年4月句会でこんな句に詠んでいる。

目黒なる　筍飯も　昔かな　　虚子

品川区から目黒区にかけての一帯がタケノコの産地だったことは、いま現地を訪れても、まったくわからない。「目黒のタケノコ」は、現在、すずめのお宿緑地公園と自由が丘の

「ムサコたけのこ祭り」は４月の恒例行事

杉村昇一さんのお宅ともう一軒に残るだけとなっている（口絵㉗杉村さん宅で採れたタケノコ）。

栽培はされなくなってしまったが、特産品だった「タケノコ」でまちを盛り上げようという動きがある。目黒と品川の区境にある武蔵小山駅（東急目黒線）の駅前ロータリーでは、地元の商店街が主催して、「ムサコたけのこ祭り」が、２０１２年（平成24）から毎年４月に開催されているのだ。

人気は地元出身の料理人で、日本料理の「賛否両論」（恵比寿）の主人、笠原将弘さんが作る「たけのこ汁」。千葉県大多喜町から届いた２００キロものタケノコが、直径２メートルの巨大鍋で煮込まれる。振舞われる３０００食は、あっという間に参加者の胃袋におさまっていった。

番外編1

時代を超えたダイコン――鎌倉大根

本書は、「江戸東京野菜」の本であるが、1件だけその範囲を超えて、私自身が携わることになった野菜で、地域に根付きつつある「鎌倉大根」の話をさせていただきたい。

神社の故事から始まった

鎌倉の佐助地区で人形や絵画の創作活動を展開していた佐藤祐実那さん（人形作家）、石塚健さん（洋画家）夫妻は、1998年（平成10）、ダイコン料理の店・福来鳥《ふくどり》をはじめた。きっかけとなったのは、佐助稲荷神社に伝わる次のような故事だ。

寛元年間（1243～47）、鎌倉に源十郎という魚売りが住んでいた。ある日、源十郎がいつものように魚かごを担いで由比ガ浜を通りかかると、犬に追われた一匹の狐が、魚かごの中へ逃げ込んできた。源十郎は犬を追い払い、狐を助けてやった。

その夜、源十郎の夢に狐が現れ、「由比ガ浜の大根を佐助谷で作りなさい。きっと幸せになれます」といった。源十郎はさっそく佐助谷の畑で、ダイコンを作りはじめた。

その年の冬、鎌倉に疫病がはやり、人々が病に倒れた。すると、ある病人の夢枕に神様が現れ、「病を治したいなら、佐助谷の源十郎のダイコンを食べなさい」というお告げを残した。病人がダイコンを求めて食べると、病はたちどころに治った。この話が鎌倉中に広まり、人々が我先にと買い求めたため、源十郎は大金持ちになった――（後略）。

　店を出した当初から、祐実那さんには「故事のダイコンを復活させたい」という強い思いがあった。その一歩として「鎌倉大根」を知ってもらおうと、イベントを開催した。そのときに「やさい応援団シリーズ」の絵本『まるごとだいこん』（八田尚子文、野村まり子絵、絵本塾出版）に目を留めて、監修の私に、「イベントでダイコンの話をしてほしい。そして鎌倉大根を探してほしい」と、連絡をいただいた。2015年6月のことである。

　最初は、江戸東京野菜ではないのでお断りしたのだが、総務省から地域力創造アドバイザーを拝命していることもあり、「まち興しになれば」とお引き受けすることにした。講演では、神奈川県園芸種苗対策協議会が発行した『かながわの地方野菜』（2006年）に掲載されている波多野大根、三浦大根、寺尾二年子《にねんご》大根、なども紹介をした。

　しかし、古い波多野大根でもせいぜい江戸時代初期である。鎌倉時代のダイコンを探すとなると皆目見当がつかない。そんなとき、宇都宮大学で行われた「ダイコンサミット2013」で、島根大学の小林伸雄教授が、江戸時代以前からあるハマダイコンを「出雲おろち大根」として商品化した話を思い出した。そこで三浦半島に咲いているハマダイコンの花を写真で見せて、紹介したところ、会場の皆さんから「それなら葉山にある！」「由比ガ浜にもあるわ！」と声が上がった。

鎌倉大根はハマダイコン

ハマダイコンについては、栽培ダイコンから逸出した種という説もあったが、近年の研究では世界に広く分布する野生種といわれている。野生種が、海流に乗って日本周辺の海岸にたどり着き、自生したのだ。だが、日本中で海岸線の護岸工事が進んで、自生地が減少しているのが現状だ。

山形県では、ハマダイコンが鶴岡市藤島などの内陸にも生えていると聞いたことがある。山形在来作物研究会会長で、山形大学の江頭宏昌教授に改めてお聞きすると「あのあたりは縄文の頃は、海だったようで遺跡がある」とのこと。

由比ガ浜のハマダイコンの自生地は、鎌倉市のまんなかを流れる稲瀬川の東側にあり、近くに「稲瀬川の碑」が建っている。碑文には、源頼朝が弟・範頼《のりより》の出陣を見送ったのも、父・義朝の遺骨を出迎えたのも、この川辺だったと記されている。おそらくは、弟を送り出し、父を迎えた頼朝の足元にハマダイコンの花が咲いていたことだろう。

佐助稲荷神社の故事では、狐を助けたところ、ハマダイコンが生育していたところも、由比ガ浜だった。源十郎が栽培したダイコンは、自生していたハマダイコンで、辛み成分のアリルイソチオシアネートが強く、この毒消し効果が病に効いたのだろう。

２０１５年（平成27）８月の朝、福来鳥で厨房を担当している大石千鶴子さんが、由比ガ浜の海岸で、枯草に残っていたハマダイコンの莢《さや》を採ってきてくれた。神奈川県には海岸の清掃作業を定期的に行う「かながわ海岸美化財団」がある。数日遅ければ、美化財団のみなさんに綺麗さっぱり処分されていたところなので、運のいい話だ。

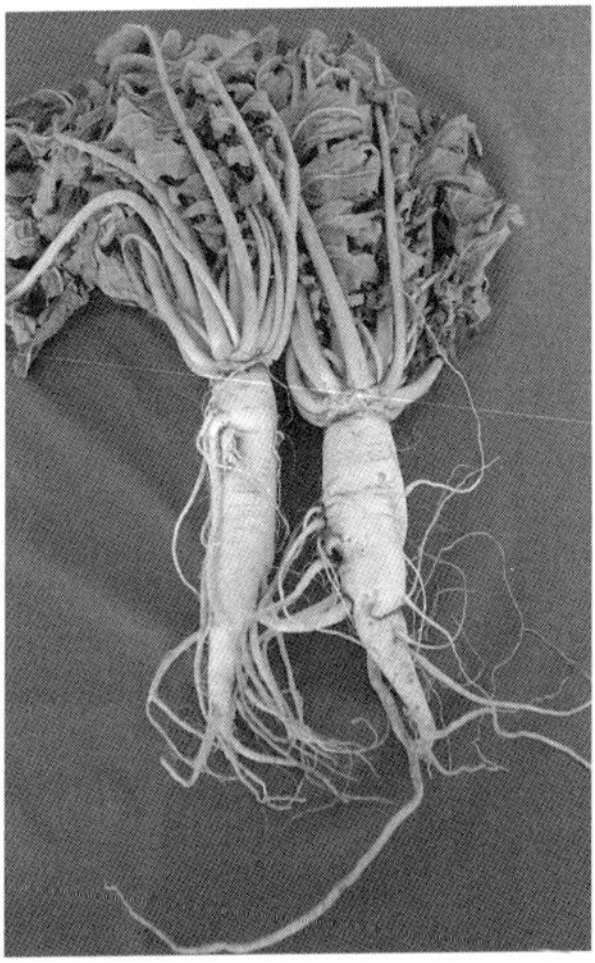

品評会に寄せられた鎌倉大根

９月初めに、祐実那さんが代表を務めていた「鎌倉だいこん未来研究クラブ」によって、福来鳥の畑で莢から採ったこのタネが播かれた。収穫まではクラブのみなさんが、休みのたびに畑に集まって、草むしり、そして以降の栽培管理と熱心に行っていた。

最初の収穫後の11月28日、佐助稲

荷神社で「鎌倉だいこん未来研究クラブ」が主催して、「鎌倉大根収穫祭」が開かれた。菊地晋介宮司により、拝殿で「鎌倉大根　奉納の儀」が厳粛に執り行われ、神奈川県農業技術センターの原康明課長と、私が「大根のお話」をさせていただいた。

収穫祭は毎年開催され、第2回からは鎌倉市長賞を決める品評会も始まった。ほかにもさまざまな趣向をこらしながら、年々充実の度合いを深めている。第3回は佐助自治会館で開催され、島根大学の小林伸雄教授ご夫妻も来られた。

食べるばかりでなく、染色作家の渡邊公子さんは、草木染の手法で、さわやかな「緑色」に染められた布地を生み出す。ため息がでる美しさで、「鎌倉大根の草木染講座」は人気講座になった。

このほかにも、「だいこんクラブ」は「鎌倉大根花祭り」を立ち上げて、由比ガ浜のハマダイコンの自生地を守る運動もはじめた。参加する人の輪が広がりつつある。

「野生のダイコン」、東京にはないのか

江頭教授が師事した青葉高教授は、著書『野菜の日本史』に次のように書いている。「日本の各地に野生し、野大根と呼ばれたハマダイコンの多くは、栽培種の逸出野生化したものではなく、大陸から古い時代に渡来し、コホネと呼ばれた野生ダイコンの後代と考えてよいものと思う」。そして「皇居の半蔵門に近い濠端に自生し、春先には白色の花を開き、花後念珠状の莢をつけている」と。

半蔵門の濠端にハマダイコンがあることは、若い頃から知ってはいたが、鎌倉大根に関わるうちに、「なぜ半蔵門なのか」が知りたくなって、改めて花の時期に行ってみた。

皇居外苑と丸の内にあたる一帯は、江戸城が築かれる前は、「日比谷入江」つまり海だった。銀座が半島のように江戸湾に突き出して、その銀座から入江越しに見える対岸が桜田門や霞が関。この付近から国会議事堂や半蔵門にかけての桜田濠は、石垣は水辺だけで、あとは地形を生かした造りになっているので、日比谷入江の頃にハマダイコンのタネが広がったと考えられる。東京のど真ん中に、江戸以前からの自然が残っていたのだ。江戸東京野菜の普及を進める仲間内では、「江《え》戸《ど》城《じょう》濠《ほり》大根《だいこん》」と呼んでいる。

桜田濠のほかに、ハマダイコンが咲く場所はないだろうか。江戸川や荒川、隅田川や多摩川の河口は、護岸工事が済んでいるので自然は残っていないが、多摩川に架かる東海道本線の鉄橋の脇から二子玉川までの土手には、4月になるとハマダイコンの花が咲いている。鎌倉大根のように「食べられていた」という話を探しているが、その物語はまだない。

番外編 2 大嘗祭と江戸東京野菜

時代を映す供納品

令和元年（２０１９）11月14、15日、天皇陛下の即位にともなう諸儀式が行われた。なかでも「大嘗祭《だいじょうさい》」は、一代に一度しか行われない、もっとも重要な祭祀で、即位後はじめて新穀を皇祖はじめ天神地祇に供え、自らも召し上がる祭りである。皇居東御苑に造営した大嘗宮で午後6時頃から始まり、神楽歌が絶間なく演奏され、庭燎《にわび》が赤々とたかれるなか、夜を徹して行われた。

毎年11月23日に行われる新嘗祭《にいなめさい》と同じく、大嘗祭は五穀豊穣を祈る秋祭りで、山海の幸がお供えとして奉納される。「明治の大嘗祭」（明治4年〈１８７１〉）では古式通りの品目で、海の幸の鯛・和布《コンブ》・蚫《アワビ》などが千葉県から、山の幸は棗《ナツメ》・柿・蘿蔔《ダイコン》・胡蘿蔔《ニンジン》・牛《ゴ》蒡《ボウ》などが山梨県から納められた。

だがその後の日本では「富国」が目標となった。日本の国で採れるあらゆる農林水産物の振興をはかるため、「大正の大嘗祭」（大正4年〈１９１５〉）では、全国各県からの供納が制度化された。このため当時日本の領土だった樺太《からふと》（馬鈴薯《ジャガイモ》・棒鱈《ボーダラ》など）、朝鮮（白菜・乾鮑《ホシアワビ》など）、関東州（中国遼東半島南部、柿・苹果《リンゴ》など）、台湾（文旦《ブンタン》・芭蕉實《バナナ》など）からも納められることとなった。東京からの献納は、黍《キビ》・芭蕉實《バナナ》・海苔の3品で、野菜は選ばれなかった。

「昭和の大嘗祭」（昭和3年〈１９２８〉）で納められた東京の特産品を見ると、当時の東京農業が見えてくる。多摩からは当時栽培されていた黍《キビ》、杉並からは関東ローム層の火山灰土の地味にあった胡蘿蔔《ニンジン》〈滝野川大長ニンジン〉を本橋久蔵氏、主産地練馬からは萊菔《ダイコン》〈練馬ダイコン〉を島野吉五郎氏、洋上千キロの小笠原からは芭蕉實《バナナ》を小祝幸一氏、さらに水産物としては大森町漁業組合が東京湾で採れた海苔を供納。当時の東京を代表する品が選定されていた（「東京府農会報」125号）。

在来種と交配種（F_1種）の話は、本編でしばしば述べたが、この時代に全国から供納された野菜は、すべて在来種や固定種だった。そもそも交配種はまだ存在しなかったのだ。

令和にふさわしい農産物を

「令和の大嘗祭」に献納する農産物は、ＪＡ東京グループが実行委員会を結成して協議を行ったようだ。時代にふさわしい産物は何か、次代に引き継ぐ農産物は何かを考える

小笠原バナナが大嘗祭に奉納されたことも

際、参考としたのが「平成の大嘗祭」である。

「平成の大嘗祭」の農産物選定にあたっては、「東京都農林水産感謝実行委員会」が結成され、この事務局長を拝命することになった。宮内庁の「大きいもの、匂いのあるもの、痛み易いもの等は避けてほしい」という意向を受け、次の献納品が候補として挙がった。

都内での栽培面積、出荷量ともトップの「キャベツ」を区内地区から、東京の地味に合った根菜で出荷量が2位の「だいこん」を南多摩地区、東京中央卸売市場の占有率が1位で最高の技術を誇る「（軟化）うど」を北多摩地区、林産物としては「しいたけ」を西多摩地区で、島嶼《とうしょ》地区からは「てんぐさ」を選んだ（参考「五穀豊穣」）。

生産者は「キャベツ」が練馬区立野町の井口利一氏、「だいこん」が日野市の和田恒雄氏、「うど」は小平市の小野茂雄氏、「しいたけ」は青梅市の桶田正三氏、「てんぐさ」は三宅島漁協に決定。結果的に、後に「江戸東京野菜」となる〈東光寺ダイコン〉と〈東京ウド〉が選ばれることになった。

選ばれた生産者のみなさんは、供納用の容器にまで準備に怠りはなかった。
かつてはキャベツを竹籠に入れて供納したと聞いては、それをイメージした蓋付の竹籠を作って納めた。「うど」は藁で切口の近くと、上部を縛って供納したと知れば、同じように縛って、藁で編んだ箱に納めた。「だいこん」は1メートルほどの細長くて底の浅い笊《ざる》を作って、それに根と葉を別々に奉書で包んで納め、上から麻で縛った。「シイタケ」は桐の平箱。さらに、「てんぐさ」は特注の白木の唐櫃《からびつ》に納められた。こうして産物は宮内庁によって買い上げられた。

平成の事例を受けて、東京から「令和の大嘗祭」に献納する農産物は、次代に引き継ぐ農産物として、江戸東京野菜の〈東光寺ダイコン〉と〈東京ウド〉とが選ばれた。特に〈東光寺ダイコン〉は30年前に20戸以上あった栽培農家が、和田菊代さん、福島幹男さん、奥住喜則さんの3人になっていた。

JA東京南の小林和男組合長は、次の時代に引き継ぐ地元・日野市の伝統野菜として、あえて〈東光寺ダイコン〉を選んだ。そして和田さんの圃場《ほじょう》で、生産者3人で奉耕された。江戸東京野菜の普及に取り組む者にとって、心強い英断だった。

なお区内地区からは「キャベツ」を練馬区の井之口喜實夫さんが、西多摩地区からは「椎茸」を青梅市の川口悠さんが供納された。

伝統的食べ方	登録年度	掲載	特徴・いわれ
たくあん漬け	2011年度	第3章 1節	五代将軍綱吉の脚気治療のために練馬で栽培開始といわれる
おでん、煮物	2011年度	第4章 2節	昭和40年代までは世田谷区のいたるところで栽培されていた
葉とともに浅漬け	2011年度	第6章 1節	おかめ大根とも呼ばれ春先に最初に出る葉物として喜ばれた
たくあん漬け	2011年度	—	地元八王子の繊維工場で働く女工さん向けの漬け物に利用された
たくあん漬け	2011年度	第6章 番外2	辛みが多く少し苦い。練馬大根の流れを汲むと思われる
べったら漬け	2012年度	—	板橋区志村で作出された夏の味。練馬大根からの選別とされる
辛みを生かした大根おろし	2012年度	—	根が細長く小さい。隅田川下流で汐入大根、上流では荒木田大根と呼ばれた
越冬用漬け物	2011年度	第1章 2節	秋に収穫される細長いカブ。北区滝野川と似た土壌の品川で栽培された
煮物	2011年度	—	金町（現：葛飾区東金町）で栽培が始まり、全国のコカブの原型となる
煮物	2012年度	第6章 2節	長ニンジンに替わって明治以降に主流となった短根種の代表
煮物	2011年度	第6章 2節	砂村三寸ニンジンと川崎三寸ニンジンを交配して大田区馬込で作出
煮物	2015年度	第6章 2節	耕土の深い北区滝野川産。根が1m 近くになり、冬の貯蔵用として好まれた
煮物	2016年度	第2章 4節	小さくて味の濃いャガイモ。山梨県都留から嫁入りの際に持参した種芋
煮物	2018年度	第2章 4節	奥多摩の治助さんが持ち帰った種芋が受け継がれる
主食	2017年度	—	昭和初年頃に伊豆新島で栽培が始まったサツマイモ「七福」をこう呼ぶ
煮物	2011年度	第2章 3節	日本各地で栽培されているゴボウの9割以上の原型となる
煮物	2012年度	—	練馬区の篤農家が滝野川ゴボウから選別して作出
生食	2014年度	第3章 3節	食欲が減退するお盆の時節、谷中のお坊さんの手土産として喜ばれた
生食	2015年度	第3章 3節	昭和初め、あきる野市二宮神社の生姜祭りで分けてもらい栽培が始まる
漬け物	2011年度	第4章 4節	昭和20年代に世田谷の篤農家が耐病性の白菜を育成。結球が大きい

江戸東京野菜一覧

	種類	品目	分類	収穫時期
1	根菜	練馬ダイコン	アブラナ科	11月中旬～ 2月初旬
2		伝統大蔵ダイコン	アブラナ科	11月中旬～ 12月下旬
3		亀戸ダイコン	アブラナ科	10月中旬～ 4月中旬
4		高倉ダイコン	アブラナ科	11月中旬～ 12月下旬
5		東光寺ダイコン	アブラナ科	11月中旬～ 12月下旬
6		志村みの早生《わせ》ダイコン	アブラナ科	7月中旬～ 10月下旬
7		汐入ダイコン (二年子ダイコン・時無しダイコン)	アブラナ科	2月初旬～ 3月下旬
8		品川カブ・滝野川カブ(東京長カブ)	アブラナ科	10月中旬～ 2月初旬
9		金町コカブ	アブラナ科	10月中旬～ 3月中旬
10		砂村三寸ニンジン	セリ科	11月中旬～ 12月下旬
11		馬込三寸ニンジン (馬込大太三寸ニンジン)	セリ科	11月中旬～ 12月下旬
12		滝野川大長《おおなが》ニンジン	セリ科	10月中旬～ 12月下旬
13		おいねのつる芋	ナス科	6月中旬～ 7月下旬
14		治助《じすけ》イモ(ジャガイモ)	ナス科	6月中旬～ 8月下旬
15		あめりか芋(七福《しちふく》)	ヒルガオ科	11月
16		滝野川ゴボウ	キク科	11月初旬～ 2月下旬
17		渡辺早生《わせ》ゴボウ	キク科	9月初旬～ 2月下旬
18		谷中《やなか》ショウガ	ショウガ科	8月下旬～ 9月下旬
19		八王子ショウガ	ショウガ科	8月下旬～ 9月下旬
20	葉菜	下山千歳白菜	アブラナ科	12月初旬～ 1月下旬

伝統的食べ方	登録年度	掲載	特徴・いわれ
正月の雑煮	2011年度	第3章2節	鷹狩に出かけた八代将軍吉宗が、地元で食した菜を「小松菜」と命名
おひたし	2012年度	第1章5節	明治中期から世田谷・大田区などで栽培。城南の暖地向きの固定種
中華料理の炒め物・スープ	2011年度	—	昭和40年代に中華の食材として栽培されたが、中国野菜に替わられた
漬け菜	2011年度	第2章1節	仙台芭蕉菜が伝統を受け継いでいることが判明し、里帰り復活
煮物、おひたし	2011年度	第3章5節	奥多摩地方の人々はこの菜を食べて天明・天保の飢饉を生きのびた
薬味	2018年度	—	冬に現金収入を得るために、温床式の軟化法で切りミツバが栽培された
天ぷら、おひたし	2018年度	—	数少ない日本原産の植物。伊豆諸島の特産野菜となっている
薬味、煮物	2011年度	第5章2節	摂津から持ち込まれた葉ネギを根深栽培して白軸のネギにしたてた
薬味、煮物	2014年度	第1章3節	千住市場に入荷した砂村一本ネギは「千住」の名で取り引きされる
薬味、煮物	2014年度	—	昭和初期に水戸から譲り受けたタネから栽培が開始された
蕎麦などの薬味	2013年度	第5章3節	江戸時代、内藤新宿から大久保一帯はトウガラシで真っ赤に染まったという
焼きナス	2011年度	第5章1節	かつて産地だった寺島（現：墨田区東向島）の小学校で栽培が復活
煮物、ぬか漬け	2012年度	—	豊島区雑司ヶ谷一帯は、江戸時代には野菜の一大供給地だった
ぬか漬け、塩漬け	2011年度	第4章3節	キュウリとウリを掛け合わせて、明治30年頃から栽培が始まった
ぬか漬け、塩漬け	2014年度	—	馬込半白キュウリより栽培しやすい早生種。2014年に栽培が復活した
酢の物	2017年度	第2章4節	檜原村の最奥地・藤倉地区で栽培されてきた、熟してから食べるウリ
水菓子	2011年度	第1章4節	足立区の農家で代々作り続けられてきたことが判明し、栽培が復活
水菓子	2011年度	第1章4節	本田ウリ発見を機に、小金井市の農家に伝わっていたことが判明した
奈良漬け	2012年度	—	江戸期から栽培されてきたウリを昭和期に練馬区の篤農家が改良
水菓子	2013年度	第2章2節	幕府が美濃真桑村から農民を呼び寄せ、府中の御瓜田で栽培を始めた

	種類	品目	分類	収穫時期
21	葉菜	ごせき晩生小松菜（伝統小松菜）	アブラナ科	10月中旬～4月初旬
22		城南小松菜（伝統小松菜）	アブラナ科	10月中旬～4月初旬
23		シントリ菜（ちりめん白菜）	アブラナ科	10月中旬～3月下旬
24		青茎三河島菜	アブラナ科	10月中旬～12月下旬
25		のらぼう菜	アブラナ科	2月初旬～4月下旬
26		ミツバ（小山田ミツバ・白ミツバ）	セリ科	11月～12月
27		アシタバ	セリ科	4月～10月
28		砂村一本ネギ	ヒガンバナ科	12月初旬～3月下旬
29		千住一本ネギ	ヒガンバナ科	12月初旬～3月下旬
30		拝島ネギ	ヒガンバナ科	12月初旬～3月下旬
31	果菜	内藤トウガラシ	ナス科	10月下旬～12月下旬
32		寺島ナス（蔓細千成《つるぼそせんなり》ナス）	ナス科	6月初旬～10月下旬
33		雑司ヶ谷ナス（改良中《なか》生《て》山《やま》ナス）	ナス科	6月初旬～10月下旬
34		馬込半白キュウリ（馬込半白節成キュウリ）	ウリ科	5月下旬～7月下旬
35		高井戸半白キュウリ	ウリ科	（生産量が少ない）
36		白《しら》岩《や》ウリ	ウリ科	8月中
37		本田《ほんでん》ウリ	ウリ科	7月下旬～8月中旬
38		小金井マクワ	ウリ科	7月下旬～8月中旬
39		東京大越《おおしろ》ウリ	ウリ科	7月下旬～8月中旬
40		鳴子ウリ・府中御用ウリ	ウリ科	7月下旬～8月中旬

	伝統的食べ方	登録年度	掲載	特徴・いわれ
	煮物	2014年度	第５章 ４節	信州高遠藩の下屋敷で栽培が始まり、やがて内藤新宿の名物になった
	煮物	2017年度	—	豊島区雑司ヶ谷一帯は黒皮カボチャの特産地だった
	若採りしてビールのつまみ	2013年度	—	三河島（現：荒川区荒川）特産の大豆が「エダマメ」として出荷される
	料理の彩りとして	2014年度	—	昭和30年代に栽培が盛んだった「キヌサヤエンドウ」の栽培を復活させた
	おひたし	2016年度	—	江戸末期にアメリカから伝わり、温暖な八丈島で栽培が盛んになる
	寿司、蕎麦の薬味	2011年度	第３章 ４節	江戸前の握り寿司の流行とともに、奥多摩で栽培が盛んになった
	香味野菜として	2012年度	第１章 １節	早稲田大学の学生とともに捜索し、地元に残る群生地を発見して復活
	日本料理の高級食材	2011年度	第４章 １節	関東ローム層の土壌を利用した穴蔵栽培法で、北多摩が大産地となった
	煮物、炊き込みご飯の具	2013年度	第６章 ３節	品川に移植された孟宗竹の栽培が都内に広がる。目黒の名産とされた
	日本料理のあしらい	2011年度	—	味のアクセント「つまもの」は、明治末期から足立区で生産技術が磨かれた

	伝統的食べ方	登録年度	掲載	特徴・いわれ
	ビール	2011年度	—	明治期から栽培開始された国産ビール麦を、平成19年から復活栽培
	うどん	2011年度	—	戦時中に栽培が途絶えた「幻の小麦」を昭和末期に復活栽培
	主食	2011年度	—	古里村（現：西多摩郡奥多摩町）特産で、宮中の新嘗祭に献上される
	主食	2014年度	—	水稲に比べて栽培しにくい陸稲を地元の日野市平山で復活栽培
	水菓子	2014年度	—	昭和26年に稲城から東村山に取り寄せた苗から栽培が開始された
	水菓子	2016年度	—	日本最古と伝えられる甘柿。江戸期に多摩丘陵中西部で栽培されていた
	蕎麦	2018年度	—	痩せた土地でも育つ蕎麦の栽培が奨励され、江戸の名物になった

作成：八田尚子

	種類	品目	分類	収穫時期
41		内藤カボチャ・角筈カボチャ・淀橋カボチャ	ウリ科	8月～
42		雑司ヶ谷カボチャ	ウリ科	8月～
43		三河島エダマメ	マメ科	8月中旬～9月下旬
44		川口エンドウ	マメ科	5月下旬～6月上旬
45		八丈オクラ	アオイ科	7月～10月
46	その他	奥多摩ワサビ	アブラナ科	周年
47		早稲田ミョウガ	ショウガ科	8月～
48		東京ウド	ウコギ科	11月中旬～9月下旬
49		タケノコ（孟宗竹）	イネ科	5月上旬
50		足立のつまもの（穂ジソ、ツル菜、木の芽、鮎タデ、あさつき、メカブ、紫芽〈むらめ〉）	—	周年

〈参考登録〉

	種類	品目	分類	収穫時期
1	ムギ	練馬金子ゴールデン	イネ科	6月上旬
2	ムギ	柳久保小麦	イネ科	6月上中旬
3	粟	古里1号	イネ科	9月末
4	稲	平山陸稲	イネ科	10月
5	梨	多摩川梨	バラ科	8月～11月
6	柿	禅寺丸柿《ぜんじまるがき》	カキノキ科	10月～11月
7	ソバ	深大寺《じんだいじ》在来	タデ科	11月

参考：JA 東京中央会「江戸東京野菜について」https://www.tokyo-ja.or.jp/farm/edo/

あとがき

東京の農業を守らねばならない——そう思いはじめてから、早いもので、もう40年を超える歳月がすぎた。

江戸から東京へ伝わった野菜の全体像をつかみたくて、東京の「区市町村史」を調べはじめた当初は、ひとりで作業に没頭した。それが、2冊の本を編纂したことに始まり、1997年に「江戸・東京の農業屋外説明板」を50か所に設置したあたりから、「伝統野菜を残す」活動は品川や亀戸などで、まち興しの目玉として注目されるようになってきた。

2009年に『江戸東京野菜』（図鑑篇）で、17品目を紹介したときの反響は非常に大きく、もう、私がライフワークでやっている場合ではなくなった。そこで2011年、JA東京中央会に「江戸東京野菜推進委員会」を設置してもらった。ここが「江戸東京野菜」の登録組織となる。2020年2月現在、登録された江戸東京野菜は50品目となった。

2012年には、伝統野菜の普及に取り組む人材を育成するため、「江戸東京野菜コンシェルジュ協会」を設立。現在161人のコンシェルジュが、料理人や飲食店経営者、栄養教諭、生産者、流通、メディアなどの分野で活躍している。

「江戸東京野菜」をめぐる活動は想像以上に広がり、いつの間にか大勢の仲間と一緒に、復活や普及に取り組むようになった。

江戸東京野菜をめぐる輪は確実に広がっている。

2013年6月、フランスのオランド大統領が国賓として来日した際、安倍晋三首相は「両国は食文化の国だから」と、一行をワーキングランチに招いた。料理人は三國清三シェフ。そこでの一品に、〈伝統小松菜〉〈東京ウド〉〈奥多摩ワサビ〉などが「5種の江戸東京野菜添え」として供された。これが「家庭画報」国際版で世界に発信された。そして12月、「和食」は世界無形遺産に登録された（江戸東京野菜の助太刀が効いたのでは……笑）。

2019年には、東京で開催される2度目のオリンピックを前に、東京都が江戸東京野菜の普及に予算を組んでくれた。これによって、新しく栽培する生産者に補助金が出ることになった。伝統野菜の普及に大きな力となる決定である。JA東京中央会でも「江戸東京野菜普及推進室」を設置し、行政の後押しに応える準備ができた。

そもそも江戸東京野菜は、不揃いのため、流通に乗りにくい。したがって、大々的に作って全国に販売するものではない。だからこそ、東京を訪れる人々に「おもてなし食材」として食べてもらうのに、ぴったりなのだ。東京オリンピックで好評を得られれば、江戸東京野菜はそれこそ、東京を代表する「おもてなし食材」として、多くの人に知られるようになるだろう。

「江戸東京野菜」に限らず、伝統野菜は日本中にある。それを「おもてなし食材」として活用していく試みは、地元の方々が力を合わせ、行政やＪＡなどがそれをバックアップすることができれば、日本各地で実現できることだと思う。訪れる人が、その土地のおいしい食べ物で笑顔になれば、生産者も、地元の人々も元気になるはずだ。

最後に、多忙ななか取材に応じていただいた、井之口喜實夫さん、三國清三さん、宮寺光政さん、福島秀史さん、渡戸章さん、ほしひかるさん、野永喜三夫さん、上原恭子さん、佐藤勝彦さん、成田重行さん、ありがとうございました。また、本文に登場していただいた方々、そして、江戸東京野菜の復活・普及の活動にご協力いただいている、数えきれないほど多くの方々にも、改めてお礼を申し上げます。

刊行にあたっては、平凡社をご紹介いただいた向笠千恵子さん、長く伴走をしていただいた編集者の八田尚子さん、平凡社の福田祐介さん、ありがとうございました。

二〇二〇年二月五日

大竹道茂

◎関連ホームページ

江戸東京野菜通信――大竹道茂の伝統野菜に関する情報ブログ
http://edoyasai.sblo.jp/

江戸東京野菜コンシェルジュ協会公式ブログ（NPO法人）
https://www.edo831.tokyo/

フードボイス――最新の食情報を動画報道する
http://fv1.jp/

「江戸東京野菜」について――JA東京中央会
https://www.tokyo-ja.or.jp/farm/edo/

東京農業歴史めぐり――JA東京中央会
https://www.tokyo-ja.or.jp/farm/edomap/

多摩・八王子江戸東京野菜研究会
https://www.facebook.com/tamahachi.edotokyo/

江戸ソバリエ協会（特定非営利活動法人）
http://www.edosobalier-kyokai.jp/

内藤とうがらしプロジェクト
http://naito-togarashi.tokyo/

オテル・ドゥ・ミクニ
https://oui-mikuni.co.jp/

日本橋 ゆかり
http://nihonbashi-yukari.com/

押上 よしかつ（ホットペッパーグルメ）
https://www.hotpepper.jp/strJ000104266/

※検索の際は、ホームページ名を入力してください

【著者】
大竹道茂（おおたけ みちしげ）
1944年東京都生まれ。東京農業大学卒業後、現JA東京中央会に入組。89年より江戸東京野菜の復活に取り組み、97年「江戸・東京農業の説明板」50本の設置を企画。以後、農林水産省選定「地産地消の仕事人」、同大臣任命「ボランタリー・プランナー」、総務省「地域力創造アドバイザー」などを歴任。NPO法人江戸東京野菜コンシェルジュ協会代表理事、江戸東京・伝統野菜研究会代表などを務める。著書・監修に『江戸東京野菜』〈物語篇・図鑑篇〉（ともに農山漁村文化協会）、『まるごと とうもろこし』ほか「やさい応援団」シリーズ（絵本塾出版）。ブログ「江戸東京野菜通信」で10年以上、毎日情報を発信中。

平凡社新書９３７

江戸東京野菜の物語
伝統野菜でまちおこし

発行日———2020年3月13日　初版第1刷

著者———大竹道茂
発行者———下中美都
発行所———株式会社平凡社
東京都千代田区神田神保町3-29　〒101-0051
電話　東京（03）3230-6583［編集］
東京（03）3230-6573［営業］
振替　00180-0-29639
印刷・製本—図書印刷株式会社
装幀———菊地信義

ISBN978-4-582-85937-9
NDC分類番号626　新書判（17.2cm）　総ページ264
平凡社ホームページ　https://www.heibonsha.co.jp/